Paula Rothmund

Treffpunkt Senioren

Fantasievolle Ideen für Gruppennachmittage

LAMBERTUS

Paula Rothmund

Treffpunkt Senioren

Fantasievolle Ideen für Gruppennachmittage

LAMBERTUS

Bibliographische Information der Deutschen Nationalbibliothek
Die Deutsche Nationalbibliothek verzeichnet diese Publikation in der Deutschen Nationalbibliographie; detaillierte bibliographische Daten sind im Internet über http://dnb.d-nb.de abrufbar.

Alle Rechte vorbehalten
© 2011, Lambertus-Verlag, Freiburg im Breisgau
www.lambertus.de
Umschlaggestaltung, Innenlayout: Nathalie Kupfermann, Bollschweil
Herstellung: Franz X. Stückle, Druck und Verlag, Ettenheim
ISBN 978-3-7841-2002-7

Inhalt

Vorwort	15
Einleitung	17
Abkürzungen und Piktogramme	19

Teil 1
Natur erleben im Jahreslauf
Gruppennachmittage mit Themenschwerpunkt 21

Tipps und Info für die Gruppenleitung	22

Frühling: Kräuter und Heilpflanzen 24

Vorbereitung für die Gruppenleitung	25
Einführung in das Thema	25
Geschichte der Kräuterheilkunde	25
Steckbriefe	28
Wussten Sie schon?	32
Anregungen für Gespräche	32
Thema Heilkräuter	32
Redewendungen	34
Kräuter kennenlernen	34
Volkstümliche Kräuternamen	35
Pflanzenbetrachtung	35
Bräuche mit Kräutern	36
Kreatives	36
Sträußchen binden	36
Blumenschmuck herstellen	36
Kräutergarten anlegen	37
Kräuter in Töpfe aussäen oder auspflanzen	37
Kerbelflöte	37
Blumenschmuck	37

Inhalt

Mohnmännchen	38
Kräuter pressen	38
Spiele	**39**
Heuduferlebnis	39
Düfte erraten	39
Kräuterquiz	39
Welche Kräuter wachsen in der unmittelbaren Umgebung?	41
Welches Kraut blüht in welcher Farbe?	41
Kräuter-ABC	42
Heimische Giftpflanzen	42
Pflanzen raten	42
Pflanzen finden	43
Wunderblume	43
Er liebt mich – er liebt mich nicht …	43
Verkehrte Pflanzen	44
Kuckuckseier	44
Wo ist welches Kraut zu sehen?	45
Kräuter in der Küche	**45**
Tee zubereiten	45
Kräuterpfannkuchen	46
Maibowle	46
Spitzwegerichhonig	46
Suppengewürz	47
Kräutersalz	47
Gedichte, Geschichten, Besinnliches	**47**

Sommer: Schmetterlinge — 49

Tipps und Info für die Gruppenleitung	50
Einführung in das Thema	**50**
Steckbriefe	50
Noch mehr Interessantes zum Schmetterling	54
Anregungen für Gespräche	**56**
Wenn wir uns Schmetterlinge vorstellen, was sehen wir dann?	56
Themen zum freien Gespräch	56

Kreatives	57
Falten eines Schmetterlings	57
Wir pflanzen einen Schmetterlingsstrauch	59
Spiele	60
Der Werdegang eines Schmetterlings	60
Welcher Schmetterling ist das?	60
Buchstaben ordnen	60
Wo hängt welcher Schmetterling?	60
Schmetterlingspuzzle	61
Gedichte, Geschichten, Besinnliches	61

Herbst: Bäume   63

Tipps und Info für die Gruppenleitung	64
Einführung in das Thema	64
Zum Staunen	64
Was ist ein Baum?	65
Anregungen für Gespräche	65
Rund um das Thema Baum	65
Wie alt wird welcher Baum?	69
Rekorde	70
Wetterregeln	71
Kreatives	72
Baumkeimlinge	72
Singen und Tanzen	72
Lieder über den Baum	72
Spiele	72
Welche Wörter beginnen mit Baum, in welchem ist -baum enthalten?	72
Buchstabenspiel	73
Wo hängt welcher Baum?	73
Sätze bilden	73
Tastkim	73
Jahresringe schätzen	74

Inhalt

Holzgewichte schätzen	74
Stückzahl schätzen	74
Zuordnungsspiel	74
Sprichwörter und Redensarten raten	75
Gedichte, Geschichten, Besinnliches	76

Winter: Vögel — 81

Tipps und Info für die Gruppenleitung	82
Einführung in das Thema	83
Zoologische Einteilung der Vögel	83
Die Vogeluhr	83
Sprachschatz in der Vogelkunde	84
Staunenswertes aus der Vogelwelt	85
Anregungen für Gespräche	89
Spannende Fragen für Wissbegierige	89
Kreatives	93
Vögel füttern bereitet Freude	93
Vogelfutter selbst gemacht	94
Futterzapfen und Futterzweig	94
Vogelmobile	95
Singen und Tanzen	95
Sitztanz	95
Lied: Ein Vogel wollte Hochzeit machen	96
Spiele	98
Vogelquiz	98
Vogel-ABC	99
Vogel-Memory	99
Rätsel	99
Wo hängt welcher Vogel?	99
Wir merken uns einen lustigen Vers	99
Gedichte, Geschichten, Besinnliches	100

Teil 2
Gedächtnistraining, Gesellschaftsspiele, Besinnliches
Variable Themenbausteine für Gruppennachmittage 103

Tipps und Info für die Gruppenleitung 106
Anmerkungen zum Gedächtnistraining 107
Anmerkungen zu den Spielen 108

Spiele in der Runde 108
   Wer sitzt wo? 108
   Der Einkaufszettel 109
   Wie genau betrachte ich mein Wohnumfeld? 109
   Wie gut kennen wir uns? 109
   Kräuter erschnuppern 111
   Gedächtnisübungen mit aktuellen Daten 111
   Gemeinsam Zeitung lesen 111
   Preise raten 112
   Unser Geld 112
   Heimatstadt-Quiz 112
   Wir als Teil der EU 113
   Aus dem Atlas 113
   Rechenspiele 114
   Wer hat zuerst 30? 114
   Wer ist der Reichste? 114
   Rechnen mit dem großen Würfel 115
   Hoppla-Tekla 115
   Kopfrechnen 115
   Teekesselchen 115
   Gemeinsamer Nenner 117
   Oberbegriffe 118
   Lexikon-Ratespiele 119
   Kim-Spiele 120
   Zimmerkim 121
   Duftkim 123
   Polizeibericht 123
   Spiele mit Buchstaben und Wörtern 123
   Wortverwandlung 132
   Galgenmännchen 132
   Welches Tier steckt dahinter? 133

Inhalt

Römische Zahlen	133
Logische Aussage	133
Legeübungen	134
Zungenbrecher	138
Gespräche und Spiele in der Runde	**139**
Fragen über Fragen	139
Satzkette	141
Ein ganz besonderes Mahl	141
Hans im Glück	142
Spiele am Tisch	**142**
Aufgepasst	142
Watte pusten	143
Schokolade auswürfeln	143
Selbstbildnis	143
Lieder zeichnen	144
Namen suchen	144
Geteilte Äpfel	144
Postkarten zusammensetzen	145
Sprichwörter zusammensetzen	145
Sortieren	145
Bingo	146
Würfeln am Tisch	**146**
Herr Meier	146
Leiterbau	147
Knöpfe wegwürfeln	147
Schwarzer Rabe	147
Nüsse essen	148
Unterhaltungsspiele	**148**
Wer bin ich?	148
Wo ist der Dirigent?	148
Ballonfahrt	149
Was ist mit mir los?	149
Eine Person verändern	149
Ein toller Aufsatz	150
Mitspieler erraten	150
Schatzsuche	150

Reporterfragen	150
Gesichter ertasten	150
Auftrag ohne Worte	151
Zeichenkünstler	151
Flaschen drehen	151
Deckelchen wegwürfeln	151
Ich sehe was, was du nicht siehst	152
Wie gut schau ich meinen Nachbarn an?	152
Tiere raten	152
Was esse ich gerne?	153
Pantomime	153
Ein besonderes Ereignis	153
Essenvorführung	153
Sportvorführung	154
Spiele mit dem Ball	**154**
Gegensätze	154
Reimen	154
Sag mir was mit	154
Veränderte Namen	155
Sätze mit wenn …, würde …	155
Sprichwörter werfen	155
Beruf und was dazugehört	155
Vogel-Tier-Städte-Länder-Blumen-Spiel	156
Ja und Nein	156
Wissen – Schätzen – Raten	**156**
Menge schätzen	156
Wie lange musste gearbeitet werden für …	158
Bekanntes erkennen	158
Überraschungssack	158
Hör-Memory	159
Ertasten	159
Bild erraten	159
Steckbrief	160
Erschnuppern	160
Erschmecken	160
Raten auf Spezialgebieten	160
Märchen raten	161

Inhalt

Fragespiele 162

Rätsel- und Scherzfragen 163
Spannende Quiz-Fragen 169
Fragen zum Staunen und Wundern 173

Spiele für Feiern aller Art 178

Info für die Gruppenleitung 179

Fröhliche Spiele 179
  Sprichwörter raten 179
  Länder raten 180
  Urlaubsländer raten 180
  Sprichwörter rund ums Essen 180
  Autorennen 181
  Eierlauf 182
  Der Maler 182
  Gesangspillen 183
  Hindernissteigen 183
  Stirnrunzeln 183
  Das große Geschenk 183
  Lustige Verkleidungen 184
  Ballone raten 184
  Nasen raten 184
  Schneckenwettlauf 185
  Sahne schlagen 185
  Wäsche aufhängen 185
  Witze selbst zu Ende erzählen 186

Zaubern 187
  Zahlen raten 187
  Der Alleswisser 188
  Wie viel Stückchen Zucker liegen unter der Tasse? . 188
  Auf welchem Stuhl saß ich? 188
  Welches Obst ist in der Schale? 189

Gedichte … **190**

Tipps und Info für die Gruppenleitung … 191
Frühling … 192
Sommer … 198
Herbst … 199
Advent, Weihnachten … 201
Winter … 203

Lebensweisheiten … **206**

Tipps und Info für die Gruppenleitung … 207

Zum Weiterlesen … 212

Die Autorin … 213

Vorwort

Gesellschaftliche Veränderungen und Fortschritte in der Medizin bescheren den Menschen in Deutschland eine ständig steigende Lebenserwartung.

Die Zahl älterer Menschen nimmt kontinuierlich zu. Ist heute jeder fünfte Einwohner Baden-Württembergs älter als 60 Jahre, so wird dies bis in 20 Jahren jeder dritte Einwohner sein. Die dazugewonnenen Jahre möchte jeder selbstverständlich aktiv und bei guter Gesundheit verbringen.

Gerade im Alter wird es aber manchmal schwierig, sich selbst zu motivieren, etwas zu unternehmen oder bestimmten Aktivitäten nachzugehen. Dies hat leider immer wieder zur Folge, dass der Körper mangels Bewegung und der Geist mangels Herausforderung immer weiter abbauen. Die daher nachlassenden Fähigkeiten im Heim durch vermehrte Unterstützung vonseiten des Betreuungspersonals auszugleichen, birgt viele Nachteile. Auf diese Weise werden die Betroffenen in Passivität und Teilnahmslosigkeit „hineinbetreut", verlieren schon nach kurzer Zeit weitere Fähigkeiten, vielleicht auch ihren Lebensmut und jede Lebenskraft.

Da Unternehmungen in einer Gruppe viel leichter und mit viel mehr Spaß durchgeführt werden, bieten vor allem Heime und Seniorentreffs ein reiches Programm an verschiedensten Aktivitäten an und erschließen damit Senioren sogar Möglichkeiten, die zu Hause nicht gegeben sind.

Bei der Aktivierung kommt den Betreuenden eine wichtige Position zu. Sie sind es, die oft den entscheidenden Anstoß geben, dass der wichtige erste Schritt in eine neue Aktivität getan wird.

Durch regelmäßige Angebote gibt man den Senioren eine Tagesstruktur, fördert beziehungsweise erhält die noch vorhandenen Ressourcen, steigert und stärkt das Selbstwertgefühl und damit die Lebensqualität. Die geistige und körperliche Aktivität macht Spaß und Freude.

Die Aktivität (Unternehmungslust) älterer Menschen durch Maßnahmen zur Förderung der Gesundheit und Selbstständigkeit zu erhalten, ist eine Notwendigkeit und kein Luxus!

Ich wünsche Ihnen, liebe Leserinnen und Leser, viel Spaß und Freude bei der Umsetzung der Anregungen und Anleitungen in diesem Buch.

Iris Voigt
Hausleitung des Bürgerheims Geislingen

Einleitung

> „Jeder, der sich die Fähigkeit erhält,
> Schönes zu erkennen, wird nie alt werden."
> *Franz Kafka*

Ältere Menschen in Heimen zu aktivieren ist eine erfüllende und erfreuliche Aufgabe.

Die Gruppenleitung erlebt, wie die Teilnehmer eine schöne Gruppenstunde mit mehr Schwung und Freude verlassen als sie gekommen sind. Das ist die Bestätigung für ein gelungenes Programm. Ziel ist stets, mit möglichst vielen Teilnehmern schöne frohe Stunden zu erleben, in denen sie das Gefühl haben, dass etwas Wohltuendes geschehen ist (Gesprächsbeiträge leisten, gemeinsam lachen und sich freuen).

Gebrechlichkeit und Leiden gehören in diesen Lebensabschnitt und damit zu unserem Leben. Doch die Frage ist nicht, was kann ich nicht mehr, sondern, was kann ich noch?

Für den Gruppenleiter ist es eine Herausforderung, mit einer bunt zusammen gewürfelten Gruppe von Menschen, die oft unterschiedlicher nicht sein könnten und die sich früher in dieser Formation wohl nie zusammengefunden hätten (Herkunft, Bildung, Charaktere ...), zu arbeiten. Umso erstaunlicher, dass die Akzeptanz der Teilnehmer vielfach untereinander vorhanden ist und es wunderbar funktionieren kann.

Der Humor spielt eine nicht zu unterschätzende Rolle. Fröhlichkeit und Lachen sind wahre Heilsbringer. Nach Stunden schöner Geselligkeit stellen sich bei so manchem Teilnehmer gesundheitliche Besserungen ein.

Alte Menschen wollen nicht nur in Erinnerungen schwelgen. Sie sind immer noch neugierig und lassen sich durch Neues anregen und in Staunen versetzen, wie etwa beim Thema „Fotografie": Die Teilnehmer haben die Gelegenheit, ein Speicherkärtchen zu sehen. Es ist schwer zu begreifen, aber zum Staunen, dass auf einem Chip Hunderte Bilder gespeichert werden können.

Einleitung

Die Gruppenleitung kann durch ihr Auftreten und ihre Ausstrahlung die Senioren motivieren und sie für anregende Stunden begeistern, auf die sie sich freuen können. Sie muss nicht traurig sein, wenn bei einer Gruppenstunde die Inhalte nicht so vermittelt werden konnten wie gewünscht, wenn sie stattdessen flexibel genug war, eine dennoch schöne, unterhaltsame und fröhliche Stunde zu bieten.

Aktivität fördert die Lebensqualität. Es muss aber auch akzeptiert werden, dass im Alter Antrieb und Energie nachlassen und somit nicht jeder Senior an Geselligkeiten interessiert ist.

Piktogramme und Abkürzungen

 Infos und Tipps für die Gruppenleitung

 Singen und Tanzen

 Einführung in das Thema

 Spiele in der Runde

 Anregungen für Gespräche

 Rätsel- und Scherzfragen

 Kreatives

 Spannende Quiz-Fragen

 Spiele

 Fragen zum Staunen und Wundern

 Rezepte

 Zaubern

 Gedichte und Besinnliches

 Lebensweisheiten

Teilnehmer(in)/Teilnehmer(innen) = TN

Gruppenleitung = GL

Natur erleben im Jahreslauf

Gruppennachmittage mit Themenschwerpunkt

Tipps und Info für die Gruppenleitung

Die Themen mit dem jahreszeitlichen Schwerpunkt begleiten die TN über Wochen oder sogar über die ganze Jahreszeit.

Es ist jeweils ein wenig Vorbereitung nötig – doch das zusammengestellte Arbeitsmaterial kann immer wieder eingesetzt werden, weshalb sich die Mühe dafür lohnt.

Die TN setzen sich über eine längere Zeitspanne mit einem allen vertrauten Thema sehr gründlich auseinander, wodurch sich neue Fragen und somit weitere Punkte zur Themen-Vertiefung eröffnen und ein besonders erlebnisreiches und intensives Kennenlernen stattfinden kann.

Die Reihenfolge in den Kapiteln sind Vorschläge, die die GL für ihre Gruppe ihren Vorstellungen entsprechend verändern kann.

Die GL legt also fest, in welcher Abfolge und in welchem Umfang sie sich mit der Gruppe mit diesem Thema fortbewegen will. Wird Konzentrationsmangel oder Müdigkeit bei den TN festgestellt, kann zum Beispiel zu einem Spiel oder Lied gewechselt werden, um die Runde wieder zu ermuntern und aufzufrischen.

Die TN werden nicht mit Informationen vollgestopft. Gespräche, die sich aus den Themen eröffnen, werden begrüßt. Der GL bringt das Gesagte langsam und anschaulich dar, sodass jeder einzelne TN berücksichtigt und beachtet wird. Bei Fragen der GL darf nie das Gefühl der Wissensabfrage entstehen. Vielmehr sollen Neugier und Interesse erweckt werden und Aha-Erlebnisse entstehen. Wenn dabei auch der Humor nicht zu kurz kommt, werden diese gemeinsamen Stunden zu schönen kognitiven wie auch sozial-emotionalen Erlebnissen, die sich positiv auf den allgemeinen Gesundheitszustand und das seelische Wohlbefinden der Gruppenmitglieder auswirken.

Zum Umgang mit auffallenden Persönlichkeiten

Auch **missgestimmten** TN zeigt sich die GL freundlich und entgegenkommend und versucht mit Humor und Gelassenheit Grobheiten zu entschärfen, um auf solche Weise in eine harmonische Gesprächsebene zu leiten. Der TN wird sich daran gewöhnen, dass in dieser Runde nur eine respektvolle Art der Kommunikation akzeptiert wird und er auch selbst in Form von entgegengebrachter Anerkennung davon profitieren wird.

Um der Gefahr entgegenzutreten, dass besonders **redselige** TN die Stunde beherrschen, müssen sie in ihrer Mitteilung höflich gebremst werden, ohne die Freude an der Teilnahme zu verlieren. Für anregende Beiträge gebührt auch ihnen Lob. Um den ständigen Redefluss zu bremsen, genügt es Augenkontakt aufzunehmen und den Finger vor den Mund zu halten, mit zum Beispiel den freundlichen Worten: „Frau Kramer, ich weiß sie kennen die Antwort, lassen sie auch den anderen TN Zeit zum Überlegen". Das bestätigt diese TN in ihrer Mitarbeit und nimmt ihnen dabei nicht die Freude, mitzuwirken. Beim weiteren Verlauf reicht der anerkennende, bestimmte Blick der GL mit dem Zeichen (Finger vor den Mund), im Moment noch nichts zu sagen. Kommt von den anderen TN keine Antwort, gibt die GL Hilfestellung und „Frau Kramer" darf bei der Antwortsuche helfen.

Die **Schüchternen** unter den TN werden besonders aufmerksam mit Blickkontakt bedacht und entsprechend direkt und einfühlsam angesprochen. Eine interessierte GL kennt ihre TN und wird auch außerhalb der Gruppenstunden versuchen, ihnen Interesse entgegenzubringen und persönliche Gespräche in Gang zu setzen. Mit dem so erworbenen Hintergrundwissen schafft es die GL, auch die Ruhigeren in den entsprechenden Momenten des Gruppengeschehens, in denen Zusammenhänge zu dem Leben, den Neigungen oder der Vergangenheit des betreffenden TN entstehen, aus der Reserve zu locken. So bekommen auch sie die Chance, sich einzubringen, auf sich aufmerksam zu machen, Interesse an sich zu erfahren und somit Selbstwert zu erleben.

Frühling: Kräuter und Heilpflanzen

 Infos und Tipps für die Gruppenleitung

 Einführung in das Thema

 Anregungen für Gespräche

 Kreatives

 Spiele

 Rezepte

 Gedichte und Besinnliches

Tipps und Info für die Gruppenleitung

Zur Einstimmung ins Thema bilden die Kräuter, hübsch arrangiert, einen schönen Blickfang, der die Neugierde weckt.

Material: Ca. 10–15 farbige Kopien, von den hier am häufigsten vorkommenden bekannten Kräutern in DIN-A-4 Größe, Fachliteratur zum Nachschlagen

In jeder Gruppe finden sich TN, die liebend gern Sträußchen binden. Dafür ist während des Zusammenseins oder zum Ausklang Zeit. Die Kräuter landen nicht gleich auf dem Kompost, sondern bieten noch ein paar Tage einen bezaubernden Anblick im Haus oder im Zimmer.

Einführung in das Thema

Die folgenden Texte liest die GL langsam und deutlich vor, wobei sie Gespräche, die sich aus dem Text entwickeln können, unterstützend fördert.

Geschichte der Kräuterheilkunde

Seit ewigen Zeiten dienen die Heil- und Gewürzpflanzen dem Menschen als wohlschmeckende, äußerst gesunde Beigabe zu vielen Gerichten und als wichtige Heilmittel bis in die heutige Zeit.

Bereits in den Grabstätten der Neandertaler fand man Kräuter als Grabbeigaben. Über Tausende von Jahren wurden, durch Beobachtungen und Erfahrungen, Kenntnisse über Pflanzenheilkräfte gesammelt. Menschen, die um die Wirkung pflanzlicher Gifte wussten, gab es zu allen Zeiten.

Um 500 v. Chr. erkannte Hippokrates (der berühmteste Arzt der Antike), dass die Heilkräfte der Kräuter auch ohne magische Rituale vorhanden sind und Krankheiten auf natürlichen und damit erklärbaren Ursachen beruhen und dementsprechend viele Krankheiten auch auf naturphilosophische Weise heilbar sind.

Im Mittelalter setzten sich kräuterkundige Männer und Frauen, Ärzte, Hebammen, Nonnen und Mönche mit der Kraft der Kräuter auseinander. Sogenannte Hexenkräuter, Rauschpflanzen wie der Ackerritter-

Frühling: Kräuter und Heilpflanzen

 sporn, die Tollkirsche und die Alraune, die Sinnestäuschungen und Verwirrtheit hervorrufen, wurden zum Segen und auch zum Missbrauch eingesetzt. Der Schweizer Arzt und Forscher Paracelsus wusste im Jahre 1531: „All ding sind gifft, und nichts ohn gifft, allein die Dosis macht, das ein ding kein gifft ist!"

Schriften von Kräuterheilkundigen, wie zum Beispiel Hildegard von Bingen (1098–1179), zeugen von der äußerst genauen Beobachtungsgabe genialer Pflanzenforscher. Sie erkundeten eine große Anzahl von Pflanzen auf ihre medizinische Verwendung hin und erzielten damit große Erfolge in der Behandlung. Sie erkannten auch, dass bei der Verabreichung die richtige, mit Sorgfalt ausgewählte Dosis ausschlaggebend für die Heilung ist.

Das Wissen um die Heilkräfte der Pflanzen wurde vornehmlich in den Klöstern gesammelt, erforscht und kultiviert.

Aber auch viele Dörfer hatten ihre Kräuterkundige, meist eine alte „weise" Frau, die Zeit hatte, sich mit dieser natürlichen Apotheke genauestens zu beschäftigen.

Da Arztbesuche für den Normalbürger oft zu kostspielig waren, war das überlieferte Wissen der Pflanzenheilkräfte umso wertvoller.

Heilkräfte der Pflanzen

Gewürze und Heilkräuter lassen sich nicht immer eindeutig unterscheiden. Oftmals dient eine Pflanze der Gesundheit und findet auch in der Küche als duftendes Würzkraut eine schmackhafte Verwendung. Durch eine gezielte Kombination von Nahrungsmitteln und Gewürzpflanzen kann auch die Bekömmlichkeit gefördert werden. So sind klassische Kombinationen:

Sauerkraut mit Kümmel oder Hülsenfrüchte gekocht mit Bohnenkraut.

Hippokrates erkannte schon:

*„Lass' die Nahrung deine Medizin sein
und Medizin deine Nahrung."*

Aus Auszügen wohlriechender Pflanzen entstanden auch Parfüms. Gerüche sind sehr stark mit Erinnerungen verbunden. Wer hatte nicht schon Geruchserlebnisse, die bis in die Kindheit hineinreichten? Tauchen Sie ihre Nase doch einfach in ein Büschel Heu!

Einführung in das Thema

Wer sich entschieden hat, sich mit Kräutern zu befassen, wird schnell feststellen, dass er sich fortan mit offeneren Augen durch die Natur bewegt. Pflanzen, die sonst kaum wahrgenommen wurden, stechen plötzlich ins Auge. Es ist schön, wenn die Kräuter beim Namen genannt werden können und gleichzeitig das Interesse erweckt wird, noch unbekannte Kräuter kennenzulernen. Ein Spaziergang wird spontan zur Entdeckungstour. Überall erschließen sich Möglichkeiten zur Pflanzensammlung für die Essensbereitung, zur Dekoration oder für medizinische Zwecke. Ein Spaziergang, selbst auf bekannten Wegen, ist nie langweilig – jede Jahreszeit eröffnet ihre eigene Kräuterwelt. Menschen mit guter Beobachtungsgabe werden erkennen, dass so manche Pflanze ihre ganz speziellen Gäste anlockt, denn Schmetterlingen wie dem Admiral, dem Tagpfauenauge und dem kleinen Fuchs dient zum Beispiel die Brennnessel als Lebensgrundlage.

Bei der Kräutersuche wird der verantwortungsbewusste Sammler nur so viel Pflanzen aus der Natur entnehmen, wie er auch tatsächlich verbrauchen kann und noch genügend Kräuter zur Vermehrung an Ort und Stelle belassen. Er weiß, welche Pflanzen unter Naturschutz stehen und nicht gesammelt werden dürfen.

Wer sich mit Heilkräutern versorgen möchte, kommt nicht umhin, sich gut zu informieren. Denn so manche dieser Gewächse sind giftig – allerdings in der richtigen Dosierung ein Heilmittel, jedoch nicht für den Laien. Andere Kräuter wiederum dürfen nur nach genauer Empfehlung angewandt werden. Die sanfteren unter den Heilpflanzen, die deshalb aber nicht weniger an Wirkung zeigen müssen, können unbedenklich verwendet werden.

Mit der Entwicklung der Pharmaindustrie wurden die rein pflanzlichen Wirkstoffe der Heilmittel zum Teil verdrängt. Doch spielen Heilkräuter nach wie vor eine bedeutende Rolle in der Medizin. Auch heute noch werden 50 Prozent aller Medikamente aus Pflanzen gewonnen.

Der Wirkstoffgehalt der Pflanze hängt von der Lage, den Bodenverhältnissen und den Sonnenstunden ab. So kann davon ausgegangen werden, dass zum Beispiel Rosmarin, der in Spanien geerntet wird, eine größere Wirkstoffdichte aufweist, als dasselbe bei uns wachsende Kraut.

Selbst Tiere haben instinktiv den Drang, bestimmte für sie gesundheitsfördernde Kräuter zu suchen und zu fressen.

Frühling: Kräuter und Heilpflanzen

 Lassen wir uns auf die Heilkräuter ein und versuchen sie ganzheitlich zu erfassen, werden wir die wohltuende Lebenskraft dieser Geschenke der Natur erfahren.

Steckbriefe

Zunächst stellt die GL zum jeweiligen Bild Besonderheiten und die Verwendungsmöglichkeiten des Krautes vor. Danach nennt sie markante Erkennungszeichen, äußere Merkmale sowie Eigenschaften der Pflanze – die TN suchen das entsprechende Bild und nennen den Namen.

Dabei nie zu viele Kräuter auf einmal besprechen! Das wird langweilig und gleicht einer Schulstunde. Lieber öfter und kürzer an den Steckbriefen verharren.

Holunder – der Verzehr der rohen Beeren ist nicht zu empfehlen. Alle Teile des Strauches werden medizinisch genutzt. Die Blüten wirken schweißtreibend, entwässernd und aktivieren den Kreislauf (werden auch bei Fieber und Erkältung eingesetzt). Die frischen Blätter sind stark Wasser treibend, die Rinde ebenfalls.
In der Küche ist der Holunder eine sehr vielseitig einsetzbare Pflanze – eine große Auswahl an Rezepten steht dafür zur Verfügung.

Huflattichblätter – werden bei Bronchialkatarrh eingesetzt.

Sauerampfer – sind vitamin- und mineralstoffreich, blutreinigend, in der Küche im Salat, Gemüse und als Suppenwürze einsetzbar.

Lindenblüten – helfen bei Fieber und wirken wohltuend bei Erkältungen.

Gänsefingerkraut – hilft bei Magen- und Darmbeschwerden, Bauchkrämpfen, besonders bei Durchfall.
Das blühende Kraut wird als Tee verwendet, die Blätter finden in der Küche Verwendung.

Giersch – verärgert die Gärtner oft als scheinbar nicht zu bekämpfendes „Unkraut". Dabei findet es als wohlschmeckendes, vielseitig einsetzbares Kraut in der Küche genauso seinen Platz wie als entwässernder, blutreinigender Tee.

Spitzwegerich – wirkt antibiotisch und blutreinigend.

Er wirkt bei Erkältungskrankheiten. Dem Menschen steht er zur Wundheilung von Blasen (praktisch bei Wanderungen, da er so gut wie überall an den Wegrändern zu finden ist), Schürfungen, Insektenstichen und Sonnenbrand zur Verfügung, wofür die Blätter zerrieben werden.
Aber auch als Tee genossen hilft er bei Erkältungskrankheiten, wirkt reizmildernd, hustenhemmend und Gewebe festigend.

Fenchel – wirkt beruhigend, Schlaf fördernd, krampflösend und gegen Blähungen.
Er ist als medizinischer Aufguss und als Gewürz in der Küche einsetzbar.

Pfefferminze – der wichtigste Inhaltsstoff ist das ätherische Öl Menthol.
Sie hilft bei Kopfschmerzen, Magen- und Gallenbeschwerden, Übelkeit und fördert die Verdauung.

Frauenmantel – wurde früher besonders in der Frauenheilkunde eingesetzt und trägt aufgrund der Blattform, die einem Frauenumhang ähnelt, seinen Namen.
Als Heilkraut sind in der neueren Zeit keine besonderen Wirkstoffe festgestellt worden. In der Küche kann die Pflanze mit anderen Kräutern zusammen verwendet werden.

Schafgarbe – enthält einen hohen Magnesiumgehalt. Kann eingesetzt werden zur Vorbeugung von Herzkrankheiten, hilft bei Magen- und Darmbeschwerden, und die gequetschten Blättchen tragen zur Wundheilung (Blasen) bei.

Vogelmiere – als Tee eingenommen schleimlösend, kaliumreich – lindernd bei Bronchitis und Lungenkrankheiten.

Waldmeister – vorbeugend gegen Verengung der Herzkranzgefäße und bei Bauchkrämpfen.

Wermut – enthält Bitter- und Gerbstoffe – wirkt gegen verdorbenen Magen, Völlegefühl und Blähungen. Wichtig ist eine nicht zu häufige und regelmäßige Anwendung.

Kerbel – sehr vitaminreich – wegen der vielfältigen Einsatzmöglichkeiten, besonders in der Küche, sollte in jedem Garten diese Pflanze stehen.

Zitronenmelisse – enthält ein nach Zitronen duftendes, ätherisches Öl, Bitter- und Gerbstoffe.

Frühling: Kräuter und Heilpflanzen

Sie hilft bei nervösen Magen- und Darmbeschwerden, bei Kopfschmerzen und Herzrhythmusstörungen.

Ringelblume – entzündungshemmend, leicht krampflösend – vorwiegend wird die Ringelblume äußerlich bei Blutergüssen, Quetschungen, Wunden und Hautproblemen angewandt, aber auch als Tee bei Magenbeschwerden. Die getrockneten Blütenblätter können in der Küche als Safranersatz verwendet werden. Als Dekoration bieten die frischen Blütenblätter einen wunderschönen Anblick.

Salbei – desinfizierende Wirkung – wird als Gewürz in der Küche und zum Gurgeln bei Zahnfleischbluten, Halsentzündung und Magenbeschwerden eingesetzt. Bei schlecht heilenden Wunden können Bäder oder Umschläge die Genesung beschleunigen.

Gänseblümchen – ein hübsches Kraut, das praktisch das ganze Jahr über frisch geerntet werden kann.
Gerade in frischen Kräutertees sind die Blätter und Blüten des Gänseblümchens eine Bereicherung und in der Küche sind die ganzen Blütenköpfchen ein lieblicher Anblick in den Speisen. Als Tee helfen Gänseblümchen bei Frühjahrsmüdigkeit, Verdauungsbeschwerden und Erkältungskrankheiten.

Johanniskraut – auch als Wildkraut häufig anzutreffen – wirkt mild gegen depressive Verstimmungen.

Kamille – wild wachsend an Wegrändern, Ödland oder in Getreidefeldern zu finden.
Die frisch aufgeblühten Blütenköpfchen wirken, zu Tee aufgegossen, bei Magen- und Darmbeschwerden und Schlafstörungen, äußerlich zur Wundbehandlung.

Löwenzahn – hoher Vitamingehalt – kreislaufstärkend, entwässernd und regenerierend.
Er wird zur Frühjahrskur, bei Verdauungsbeschwerden, Rheuma und bei Hautproblemen eingesetzt.
Alle Teile der Pflanze können in der Küche und in der Medizin verwendet werden.

Meerrettich – reich an Mineralstoffen und Vitamin C, wirkt antibiotisch.
Meerrettich wird medizinisch als Umschlag gegen rheumatische Beschwerden aufgelegt oder bei Husten, gemischt mit Honig, eingenom-

Einführung in das Thema

men. Vor allem aber findet der Meerrettich in der Küche seine spezielle Verwendung.

Petersilie – sehr Vitamin C- und eisenreich, wirkt blutreinigend. Sie kann als Tee genossen und in vielfältigen Gerichten in der guten Küche verwendet werden.

Schachtelhalm (Zinnkraut) – besitzt einen besonders hohen Anteil an Kieselsäure, die das Bindegewebe stärkt – weitere Anwendung bei Krampfadern, Haarausfall, brüchigen Fingernägeln.

Baldrian – seine Wirkstoffe befinden sich in der Wurzel. Er wird als sanftes Beruhigungs- und Schlafmittel eingesetzt.

Anis – passt in der Küche zu „süß" und „salzig" gleichermaßen – lindert die Beschwerden bei Blähungen.

Arnika – inzwischen sehr selten und unter Naturschutz stehend. Sie besitzt herzstabilisierende Substanzen und hemmt die Vermehrung von Bakterien.

Bärlauch – besonders in Auwäldern in großen Flächen anzutreffen – vielfältig in der Küche einsetzbar. Er trägt zu einer Senkung des Cholesterinspiegels und zur besseren Durchblutung bei und wirkt gegen Frühjahrsmüdigkeit – hoher Vitamin-C-Gehalt.

Borretsch (Gurkenkraut) – die himmelblauen Blüten sind eine Zierde in jedem Garten. Er besitzt haarige, große Blätter, von denen die jungen in der Küche und sonst als Heilkraut Verwendung finden.

Brennnessel – vielseitig einsetzbar als gesundheitsfördernde Futterbeigabe für Haustiere, zur Herstellung nährstoffreicher Jauchen, als Arzneipflanze und als schmackhaftes, gesundes Nahrungsergänzungsmittel, gegen Beschwerden beim Wasserlassen – Anwendung bei Frühjahrsmüdigkeit, Nieren- und Blasenbeschwerden, Rheuma, Verdauungsbeschwerden.

Brunnenkresse – sehr mineralstoff- und vitaminhaltig. Die Triebspitzen werden vorwiegend im Winterhalbjahr geerntet.

31

Frühling: Kräuter und Heilpflanzen

Wussten Sie schon?

- Mit den Blättern von Birke und Brennnessel kann Wolle gelb gefärbt werden, mit Löwenzahnwurzeln oliv bis grün.
- Wem es im Bett zu kalt ist, legt sich unters Betttuch eine Schicht getrockneter Brennnessel.
- Die Kamille wird leicht mit ihrer Doppelgängerin, der geruchlosen Kamille, verwechselt. Der Blütenkopf der echten Kamille ist innen hohl und natürlich duftet sie nach Kamille.
Lavendel kann zur Insektenabwehr benutzt werden – so dient Lavendel, als Bündel in den Kleiderschrank gehängt, als Mottenschutz.
- Um auf den Zähnen Belag und Flecken zu entfernen, werden Salbeiblätter auf ihnen zerrieben.
- Dunkle Augenringe klingen mit Pfefferminz- oder Kamillenbeutel ab. Den Tee trinken, zurücklehnen, Beutel auf die Augen legen und 5–10 Minuten entspannen!
- Als Vogelfutter können im Winter Breitwegerichsamen ausgebracht werden.

Anregungen für Gespräche

Thema Heilkräuter

- Haben Sie schon einmal eine kräuterkundige Person (Kräuterfrau) kennengelernt?
- Welche Möglichkeiten zur Krankenbehandlung hatten die Menschen früher?
- Haben auch Sie durch eine Pflanze Heilung erfahren oder ist Ihnen eine solche Heilung bekannt?
- In welcher Form finden Kräuter in der Medizin Verwendung?
    - Als Medikament verarbeitet,
    - als Kräuteraufguss (Tee),
    - als Kompressen (ein, mit einem Kräuteraufguss getränktes Tuch wird auf die betroffene Körperstelle gelegt),
    - Umschläge,
    - Inhalieren von Kräuterdämpfen,
    - Bäder mit Kräuterauszügen,
    - Massagen mit Kräuterölen.

Anregungen für Gespräche

- Wie heißt eine Sammlung getrockneter und gepresster Pflanzen?
  – Herbarium
- Kennen Sie (Lied-)Texte, Gedichte, Märchen ... in denen Kräuter vorkommen?
- Kräuter finden häufige Einsatzmöglichkeiten, welche fallen ihnen ein?
  – **In der Küche:** Den Gerichten wird ein besonderer Geschmack verliehen und gleichzeitig werden sie mit Vitaminen und Mineralien angereichert. Zur Vorratshaltung und zur besonderen Verwertung lassen sich Öle, Essig und Liköre herstellen. Viele Kräuter finden auch in getrockneter Form beste Verwendung.
  – **Im Garten:** Kräuter im Garten sind nicht nur ein wunderschöner Anblick, sie locken auch Insekten und Vögel an und tragen so zur Erhaltung der Artenvielfalt bei. Gemeinsam mit Gemüsepflanzen im Beet können Kräuter vor Pflanzenkrankheiten und Schädlingsbefall schützen.
  – **Als Kräutersträußchen/-säckchen:** Bestimmte Kräuter wehren im Kleiderschrank den Mottenbefall ab und sorgen für einen frischen Duft.
  – **Als Badezusatz** können Kräuter ihre wohltuende Wirkung entfalten und der Badende empfängt die heilsamen Kräfte.
  – **Die Kosmetikbranche** setzt Kräuter, speziell für die verschiedensten Hauttypen, wirksam ein und verleiht den zahlreichen Naturprodukten wunderbare Düfte.
  – **In der Homöopathie:** Unverzichtbar sind Pflanzen in der Homöopathie, die einen großen Teil ihrer Behandlungsgrundlage aus Präparaten der Pflanzenwelt bezieht.
  – **Als Tee:** Durch die große Vielfalt von Gewürz- und Heilkräutern lassen sich unerschöpfliche Varianten von Geschmackserlebnissen entdecken.
  – **Zur Dekoration:** Kräuter, im frischen und auch sehr schön in getrocknetem Zustand, finden mit etwas Fantasie unzählige Gestaltungsmöglichkeiten, die obendrein noch mit ihrem Duft bezaubern, zum Beispiel dient eine Auswahl an frischen Kräutern auf der Fensterbank als reizvolle Dekoration und allzeit bereites Würzkraut.

Frühling: Kräuter und Heilpflanzen

Redewendungen

Ich kann dich nicht riechen.
Es verduftet jemand.
Die Nase in alles hineinstecken.
Den richtigen Riecher haben.
Für alles ist ein Kraut gewachsen.
Dagegen ist kein Kraut gewachsen.

Kräuter kennenlernen

Die GL zeigt, gut sichtbar für jeden TN, die Abbildung eines Krautes oder es wird herumgereicht. Während alle TN das Bild betrachten, wird über diese Pflanze gesprochen.

- Wer kennt dieses Heilkraut?
- Bei welchem Leiden kann diese Pflanze angewandt werden?

Die TN haben die Möglichkeit, ihr Wissen und ihre Erfahrungen darüber kundzutun.

Die GL wird fehlende Informationen ergänzen.

Auf diese Weise werden alle Kräuter vorgestellt.

Sind alle Kräuter betrachtet und erläutert worden, werden die Namen der Pflanzen anhand der Bilder wiederholt und somit die weniger bekannten eingeprägt – dies wird in den folgenden Zusammenkünften erneut wiederholt.

Dasselbe kann mit frischen Kräutern geschehen, von denen jeweils eine Art in der Runde verteilt wird, um mit allen Sinnen entdeckt zu werden. Idealerweise bekommt jeder TN seine (nicht giftige!) Pflanze. Das Kraut wird genau betrachtet und befühlt und dabei ausführlich über dieses spezielle Gewächs gesprochen. Blätter werden zerrieben und das verströmende Aroma wird aufgenommen. Wer will, nimmt das Kraut in den Mund, um es zu schmecken. Die GL nennt dabei nochmals die Wirkstoffe dieser Pflanze, währenddessen die TN alle Hinweise in Ruhe auf sich wirken lassen.

Kennen Sie auch noch andere Kräuter?

Da jeder TN seine ganz eigene Vergangenheit und Herkunft hat, ist das angesammelte Wissen unter den TN auch sehr unterschiedlich. So kann es sein, dass eine Person bestimmte Pflanzen sehr gut kennt, doch eine andere vorgestellte Pflanze ist weitgehend unbekannt. Die TN nennen Kräuter, von denen bisher noch nicht gesprochen wurde, beschreiben diese und erzählen über die speziellen Anwendungsmöglichkeiten. Die GL wird anhand der Literatur weitere Informationen ergänzen.

Volkstümliche Kräuternamen

Viele Pflanzen wurden mit volkstümlichen Namen bedacht. So kann es sein, dass für einige TN die allgemein gültige Bezeichnung für so manches Kraut gar nicht bekannt ist.
Die TN werden nach den für sie bekannten Namen verschiedener Kräuter gefragt, die die GL notiert, um die Fragen zu einem späteren Zeitpunkt andersherum zu stellen.

Welches Kraut wird im Volksmund so genannt?

> Die Kraft, das Weh im Leib zu stillen,
> verlieh der Schöpfer den Kamillen.
> Sie blüh'n und warten unverzagt,
> auf jemand, den das Bauchweh plagt.
> Der Mensch jedoch in seiner Pein,
> glaubt nicht an das, was allgemein
> zu haben ist: Er schreit nach Pillen.
> Verschont mich, sagt er, mit Kamillen,
> um Gottes Willen.

Aus Karl Heinrich Waggerl: Das heitere Herbarium

Pflanzenbetrachtung

Material: Für jeden TN zum Beispiel einen blühenden Löwenzahn, da er groß und ohne Weiteres genießbar ist, oder zum Beispiel eine Kamille oder Pfefferminze, schon des Duftes wegen.

Jeder TN bekommt die gleiche Pflanze. Sorgsam halten wir sie in der Hand und betrachten sie achtsam. Die GL stellt die Pflanze vor, erzählt von ihren besonderen Merkmalen und Eigenschaften und auch die TN werden animiert über die Pflanze zu sprechen und sich an Begegnungen mit diesem Kraut zu erinnern.

Frühling: Kräuter und Heilpflanzen

Bräuche mit Kräutern

Mariä Himmelfahrt am 15. August: Dafür wird ein aus heimischen Kräutern bestehender Strauß gebunden. Die Kräuterbüschel werden im Haus und im Stall aufgehängt, wo sie mit ihrer heil- und zauberkräftigen Wirkung einen Schutz für Haus und Hof bedeuten.

Sonnwend – am längsten Tag des Jahres steht das Johanniskraut in voller Blüte und ist besonders heilkräftig. Zur Sonnwendfeier schmückten sich die Menschen mit Johanniskrautkränzen und tanzten um das Feuer.

Kreatives

Sträußchen binden

Die GL hat frische Kräuter mitgebracht.
Jeder, der möchte, darf sich sein eigenes Sträußchen zusammenstellen und binden.

Der Kräuterbüschel kann zum Beispiel zum Trocknen und zur Dekoration aufgehängt werden, kann aber auch als Mottenschutz oder Duftsäckchen, in Tuch eingeschlagen, im Schrank Verwendung finden.

Blumenschmuck herstellen

Aus Löwenzahn, Gänseblümchen und Margeriten lassen sich Ketten, Bänder und Ringe herstellen, indem der Stiel mit dem Fingernagel aufgeschlitzt und der Blumenstiel durch die Öffnung durchgezogen wird. Auf diese Weise werden die Blumen aufgereiht und miteinander verbunden. So manchem TN wird dieser Blumenschmuck aus Kindertagen in Erinnerung sein.

Falls die TN nicht in der Lage sind, diese filigrane Arbeit durchzuführen, so sind sie aber bestimmt imstande, der GL zu assistieren und ihr die Blumen zu reichen. So können sie dem Verlauf der Arbeit aktiv und kreativ folgen.

Und wie in der Jugend putzen sich die TN mit dem frisch hergestellten Schmuck heraus und es wäre schön, wenn die GL noch Fotos zur Erinnerung an diese hübschen Arbeiten schießen würde.

Kreatives

Kräutergarten anlegen

Sind einige TN noch in der Lage und auch die GL bereit, ein Gärtchen in ihrem nahen Umfeld zu betreuen und zu pflegen, dann könnten sie das Projekt „Kräutergarten" angehen. Viele Gestaltungsvarianten, zum Beispiel die bekannte Kräuterspirale, könnten verwirklicht werden.

Kräuter in Töpfe aussäen oder auspflanzen

Einfacher als einen Kräutergarten anzulegen, sind Pflanztöpfe auf der Fensterbank. Dort sind sie stets zum Verzehr griffbereit – aber auch das Wachstum kann bequem vom gewohnten Platz aus beobachtet werden – für manche TN noch die einzige Möglichkeit, den Werdegang der Pflänzchen zu verfolgen.

Ein ganz schnelles Erfolgserlebnis beim Wachstum bietet natürlich die Kresse.

Kerbelflöte

Ein möglichst dicker, gerader Kerbelstiel wird zwischen zwei Wachstumsknoten durchschnitten. Ein Wachstumsknoten schließt das eine Ende und das offene Ende gilt als Mundstück. Für die Stimmritze wird, der Länge nach, in den Hohlraum ein ca. 10 cm langer Schlitz geschnitten – nicht bis zu den Enden!

Die freiwilligen TN, die sich am Flötenbasteln beteiligt haben, geben nun gemeinsam ein Konzert. Jede Flöte gibt einen anderen Ton, je nach Dicke und Länge des Stiels. Vergleichen Sie die einzelnen Töne und schon kann das Konzert beginnen.

Welche Pfeifchen haben Sie früher geschnitzt? Wer gab Ihnen die Anleitung?

Blumenschmuck

Von einem Löwenzahnstängel wird ein Tropfen Saft auf die Unterseite eines Gänseblümchen- oder Butterblumenköpfchens gegeben und mit dieser Seite ans Ohrläppchen angedrückt.

Es ist erstaunlich, wie lange so ein Ohrring haftet!

Die Senioren dürfen sich noch mehr herausputzen und sich noch weiteren Schmuck zusammenstellen. Blumenketten sind zwar filigran zu er-

Frühling: Kräuter und Heilpflanzen

arbeiten, aber die GL kann zumindest bei einer Kette helfen, die dann ausgelost wird und vom Gewinner getragen werden darf, dazu die Ohrringe und vielleicht noch Blüten ins Haar gesteckt, Rhabarberhut oder eine Kerbelkopfbedeckung aufgesetzt ...

So ausgestattet kann dieser TN als Modell für ein Foto dienen, das dann, mit getrockneten Blättern umrahmt, ein besonderer Blickfang im Haus sein kann, als Anreiz für's nächste Jahr!

Mohnmännchen

Vielleicht besitzt noch der eine oder andere TN genügend Geschick, um sich an dieser Arbeit zu beteiligen. Es ist nicht schwer und enthüllt doch eine große Überraschung.

Eine Mohnknospe wird ohne Stiel abgeschnitten und mit einem spitzen Gegenstand ein Loch hineingebohrt. Von einer Mohnsamenkapsel wird ein 1 cm langer Stiel belassen, der in die Mohnknospe gesteckt wird. Die Samenkapsel zeigt als Kopf nach oben, und die Knospe wird als Kleid entfaltet, wobei die grünen Deckblätter als Mäntelchen dienen.

Mit einer Nadel werden in die Samenkapsel Augen, Nase und Mund geritzt.

Für die TN, die nicht mitmachen, ist das Zuschauen und Zuhören sehr spannend. Die GL erklärt während des Werdeganges der Puppe, was sie gerade macht und zeigt dabei jeden Schritt. Es ist verblüffend, wie man aus auf den ersten Blick unscheinbaren Teilen, hübsche feengleiche Wesen entstehen lassen kann.

Vielleicht werden noch einige TN zum Puppenmachen angesteckt. Jedes Püppchen wird sein individuelles Aussehen bekommen, evtl. durch ein Hütchen einer anderen Blüte etc.

Auf einem passenden Untergrund zusammengestellt, evtl. auf spitze Holzstäbchen aufgespießt, ist das ein ganz zauberhafter Anblick.

Kräuter pressen

In ein Buch, zwischen Zeitungsblätter, werden die Pflanzen oder Teile davon gelegt, zugeschlagen und beschwert. Nach ein bis drei Wochen sind die Kräuter trocken und können zum Beispiel Glückwunschkarten und Lesezeichen zieren.

Spiele

Heudufterlebnis

Vorbereitung: Kräuterbuch bereitlegen

Heu von einer Wildkräuterwiese in ein Tuch schlagen oder, ganz praktisch, in eine Stoffeinkaufstasche füllen und zuschnüren. Davon mehrere Säckchen vorbereiten. Die TN lassen ihr Gesicht darin versinken, schließen die Augen und geben sich in Ruhe diesem besonderen Geruchserlebnis hin.

Welche Gedanken und Gefühle werden dabei wach?

Düfte erraten

Bereiten Sie, wie für das Duftmemory (siehe Spiele), Kräuter zum Erriechen vor – jeweils mehrere Behältnisse für eine Pflanzenart.

Als einfach zu besorgendes Arbeitsmaterial bieten sich Teebeutel an.

Teebeutel werden in ein Gefäß (z.B. Glas) gegeben und in der Runde errochen.

Die TN äußern sich zu diesem Dufterlebnis. Manche Gerüche wecken Erinnerungen bis in die Kindheitstage – andere können nicht eindeutig eingestuft werden und sind doch so bekannt.

Kräuterquiz

Es dient nicht vorrangig zur Beantwortung der Fragen, sondern als Anreiz für Gespräche.

- Werden bestimmte Pflanzen zu Recht „Unkräuter" genannt?
    - Der wahre Pflanzenliebhaber erkennt in jedem Kraut einen Wert und seine besondere Bedeutung, weshalb er diese respektvoll mit „Wildkräuter" tituliert.
- Buchstabieren Sie Brennnessel!
- Welche Teile der Kräuter werden verwendet?
    - Bei manchen Kräutern können alle Teile der Pflanze verwendet werden, wie zum Beispiel beim Holunder, bei anderen Kräutern nur die Blätter, Blüte oder Wurzel.

Frühling: Kräuter und Heilpflanzen

- Wo werden Kräuter gesammelt? Jede Pflanze bevorzugt ihre speziellen Standorte – siehe Fachbuch.
  - Der Kräuterkenner weiß, wo und zu welcher Jahreszeit er sammeln kann. Wichtig ist allerdings, die Pflanzen dort zu ernten, wo weder Dünger noch Chemikalien oder andere Verunreinigungen ausgebracht werden und zum Beispiel Hundekot etc. zu befürchten ist.
- Wie kann einer Ansteckung mit dem Fuchsbandwurm vorgebeugt werden?
  - Kräuter, die für den rohen Verzehr bestimmt sind, fünf Minuten in mindestens 60 Grad heißes Wasser legen!
- Spielen in der Medizin auch heute noch Pflanzen eine Rolle?
  - Pflanzen sind auch heute nicht aus der Medizin wegzudenken. Ein großer Teil der medizinischen Wirkstoffe werden aus Pflanzen gewonnen.
- Welchen Kräutern ist es in unseren Breiten zu kühl und welche können deshalb den Winter im Freien nicht überleben?
  - Rosmarin, Lorbeer, Basilikum ...
- Welche immergrüne Kletterpflanze gilt als Heilpflanze?
  - Der Efeu – früher wurde dem Efeu als Heilpflanze, zum Beispiel bei Rheuma, Gicht und Harnwegserkrankungen, mehr Beachtung geschenkt.
- Mit welchem Kraut kann der Bärlauch verwechselt werden?
  - Mit den Blättern des Maiglöckchens und des Aaronstabes – durch den Knoblauchduft lassen sich Bärlauchblätter jedoch eindeutig identifizieren. Die Blätter des Bärlauchs kommen einzeln aus dem Boden, während Maiglöckchen zwei bis drei Blätter an einem kurzen Stiel haben. Im Gegensatz zu den gummiartigen Blättern der beiden anderen Pflanzen lassen sich die Blätter des Bärlauchs leicht abknicken.
- Warum darf sich der Spitzwegerich auch „Herrscher der Wege" (so die Übersetzung) nennen?
  - Der anspruchslose Spitzwegerich ist so gut wie überall zu finden, so auch am Wegrand, wo er dem Wanderer bei schmerzenden Blasen mit seinen heilenden Säften stets in greifbarer Nähe zu Verfügung steht.

- Welche Doldengewächse, die würzige Samen ausbilden, kennen Sie?
  – Fenchel, Koriander, Kümmel, Anis ...
- Schätzen Sie, wie viele Rosen für 10 g Rosenöl nötig sind?
  – 20.000 Rosen
- Wie viele Samen kann eine Löwenzahnpflanze im Jahr produzieren? Eine Pflanze besitzt mehrere Blüten!
  – Bis zu 3.000 Samen
- Fressen auch Hunde Pflanzen direkt von der Wiese?
  – Hunde fressen in der freien Natur auch gerne Grünzeug. Instinktiv zieht es sie besonders an die Quecke, die für fleischfressende Tiere eine ideale vegetarische Ergänzung des Speiseplans ist – die Nierenfunktion wird dadurch angeregt.

Welche Kräuter wachsen in der unmittelbaren Umgebung?

Die TN haben die Möglichkeit, Pflanzen, deren Namen sie nicht kennen, zur Bestimmung zur nächsten Zusammenkunft mitzubringen.

Welches Kraut blüht in welcher Farbe?

Rosarot: Leimkraut, Beinwell, Taubnessel, Lichtnelke, Wiesenklee

Gelb: Löwenzahn, Rainfarn, Leinkraut, Huflattich, Schlüsselblume, Wolfsmilch, Johanniskraut, Hahnenfuß, Fingerkraut, Schöllkraut, Scharbockskraut

Blau: Enzian, Nelkenwurz, Löwenzahn, Arnika, Wegwarte, Wiesen-Salbei, Ehrenpreis, Leberblümchen, Lungenkraut

Violett: Gundermann, Küchenschelle

Weiß: Kamille, weiße Taubnessel, Schafgarbe, Gänseblümchen, Augentrost, Leimkraut, Weiß-Klee, Wiesen-Kerbel, Bärenklau, Wilde Möhre, Holunder, Maiglöckchen, Bärlauch, Waldmeister, Buschwindröschen

Frühling: Kräuter und Heilpflanzen

Kräuter-ABC

A – Ackerschachtelhalm, Arnika
B – Baldrian, Beinwell, Bärenklau, Borretsch
D – Dost, Dill
E – Engelwurz, Estragon, Eisenhut
F – Fenchel, Frauenmantel
G – Giersch, Gundermann, Günsel
H – Holunder, Huflattich
I – Ingwer, Immergrün
J – Johanniskraut,
K – Kerbel, Koriander
L – Liebstöckel, Lavendel, Lorbeer, Löwenzahn
M – Mädesüß, Majoran, Minze, Maggikraut
N – Nieswurz
O – Odermenning, Oregano
P – Pfefferminze, Pimpernelle, Petersillie
Q – Quecke
R – Rauke, Rosmarin
S – Sauerampfer, Salbei
T – Thymian
U – Udram, Unsterbliche
V – Veronika, Veilchen
W – Waldmeister, Wacholder
Y – Ysop
Z – Zahnwurz, Zitronenmelisse

Heimische Giftpflanzen

Tollkirsche, Fingerhut, Maiglöckchen, Mistel, Herbstzeitlose, Wegwarte

Pflanzen raten

Die GL denkt sich eine Pflanze aus, die die TN nur mit Ja- oder Nein-Antworten herausfinden sollen.
Mögliche Fragestellungen: Blüht das Kraut blau? Hilft es bei Erkältungen? Kann es auch zum Kochen verwendet werden?

Pflanzen finden

Auf jedem Tisch liegt eine große Auswahl von Kräutern.

Die GL nennt eine Pflanze, worauf die TN das entsprechende Kraut heraussuchen.

Wunderblume

Die GL bastelt vor der Zusammenkunft eine Wunderblume:

Ein Gänseblümchen mit einem möglichst langen, festen Stiel wird benötigt. Außerdem vier, fünf oder sechs Gänseblümchenblüten, die unterhalb des Blütenköpfchens auf dem langen Stiel mit kleinen Abständen aufgereiht werden. Die so entstandene Kreation wird in der Runde auf einer Unterlage als Wunderblume vorsichtig herumgereicht. Haben Sie auch schon einmal eine solche Blume gefunden? Ist das nicht ein Wunder der Natur? Von den schauspielerischen Fähigkeiten der GL wird es abhängen, ob die TN an Märchen glauben oder nicht.

Es wird spannend sein, welche Äußerungen Sie zu hören bekommen!

Er liebt mich – er liebt mich nicht

Eine Margerite bietet sich bestens als Orakelblume an. Mit jedem Blatt, das ausgezupft wird, wird eine andere Behauptung gesprochen, die gemeinsam vorher festgelegt wird. Von früher werden die meisten TN die Sätze kennen: „Sie liebt mich – sie liebt mich nicht", was in die jetzige Situation der Senioren wahrscheinlich nicht mehr ganz passen wird. Doch wir können andere Behauptungen festlegen.

Wie wird das Wetter am kommenden Sonntag? „Regen – Sonne – gemischt" – bei jedem Wort fällt ein Blatt und das beim letzten Blatt Gesagte trifft zu.

Langsam, deutlich und spannend vorführen!

Bestimmt fallen Ihnen noch andere, passende Orakel-Worte ein.

Frühling: Kräuter und Heilpflanzen

Verkehrte Pflanzen

Die GL liest die Pflanzen von hinten – wer erkennt sie?

Ledneval
Eznim
Essilem
Ellimak
Evlam
Lessennerb
Ieblas
Eilisretep
Akinra
Tumrew
Niramsor

Kuckuckseier

Was passt nicht in die Reihe?

Holunder, Schafgarbe, Weißdorn, Rosskastanie, Schwarzdorn
– Die Schafgarbe wächst nicht als Baum oder Strauch.

Wiesenschaumkraut, Augentrost, Küchenschelle, Gänseblümchen, Schafgarbe
– Die Küchenschelle ist nicht weiß blühend.

Petersilie, Schnittlauch, Liebstöckel, Selleriekraut, Basilikum
– Basilikum ist kein heimisches Würzkraut.

Enzian, Fingerkraut, Hahnenfuß, Johanniskraut, Schlüsselblume
– Der Enzian blüht nicht weiß, sondern blau.

Vergissmeinnicht, Ackersenf, Kornblume, Wiesensalbei, Wegwarte
– Der Ackersenf blüht nicht blau, sondern gelb.

Gänseblümchen, Bärlauch, Wegwarte, Löwenzahn, Brennnessel
– Die Wegwarte ist giftig.

Kamille, Pfefferminz, Salbei, Bärlauch, Melisse
– Bärlauch ist nicht für die Teezubereitung geeignet.

Majoran, Thymian, Dill, Petersilie, Kamille
– Kamille ist kein Würzkraut, sondern ein Heilkraut.

Veilchen, Kamille, Rainfarn, Pfefferminze, Zitronenmelisse
– Der Rainfarn duftet nicht, sondern stinkt.

Kräuter in der Küche

Wo ist welches Kraut zu sehen?

Siehe unter Gedächtnistraining (S. 122): *Was hängt wo?*

Statt beliebiger Bilder werden die Kräuterkopien verwendet.

Spielerisch prägen sich mit dieser Übung die Namen der Kräuter ein.

Kräuter in der Küche

Tee zubereiten

Da wir nun einen Teil der Kräuter kennengelernt haben, sind wir auch in der Lage, unterschiedliche Teesorten in verschiedenen Kombinationen zuzubereiten, je nach individuellem Geschmack oder gewünschter Heilwirkung. Einzelne Kräuter, die sonst vom Geschmack noch nie erfahren wurden, können so zubereitet und erraten werden. Mit kochend heißem Wasser überbrüht, lässt man die Blätter 5–10 Minuten ziehen, dann sind die Wirkstoffe in das Wasser übergegangen. Jedes Heilkraut kann so geschmacklich erlebt werden.

Heilpflanzen enthalten in der Regel Bitterstoffe. Wenn aber dadurch Beschwerden gelindert oder gar geheilt werden, kann dies gern in Kauf genommen werden. Ein alter, überaus richtiger Spruch lautet: „Was bitter im Mund, ist dem ganzen Menschen gesund."

Da dieses Thema mehrere Gesprächsrunden umfasst, könnten zum Beispiel bei jedem Zusammensein ein, zwei oder drei neue Tees aufgebrüht werden. Gemeinsam werden Geruch, Farbe und Geschmack verglichen.

Die GL kann zum Beispiel während des Tee-Genießens eine Geschichte vorlesen.

Mit ungespritzten Apfel- und Orangenschalen kann der Geschmack der Teezubereitungen verfeinert werden.

Da jedes Kraut andere Wirkstoffe in sich trägt, wird idealerweise nicht immer der gleiche Tee getrunken, das wäre schon wegen der großen Auswahlmöglichkeiten schade.

Nicht nur bei diversen Krankheiten werden heilsame Kräuteraufgüsse getrunken, auch gegen negative Gemütszustände kann mit dem entsprechenden Teeaufguss eine Besserung erreicht werden. Es lassen

Frühling: Kräuter und Heilpflanzen

sich leicht Rezepte dafür besorgen. Ein Beispiel für einen Beruhigungstee:

Eine Mischung aus Melisse, Lavendel, Lindenblüten und Orangenschalen.

Genießen Sie diesen Tee gemeinsam und spüren Sie dabei die beruhigende, ausgleichende Wirkung auf Ihr Gemüt. Ein solches Gemeinschaftserlebnis verstärkt, auch durch die allgemeine Zustimmung, die Wirkung und sorgt so für ein besonders wohltuendes Erlebnis.

Kräuterpfannkuchen

Die zuvor bestimmten Kräuter werden zum Kochen beiseitegelegt, gewaschen und sehr klein geschnitten und gewogen.

Die Kräuter können als Suppe, im Brotteig, als Brotbelag etc. verarbeitet werden, alternativ auch als Kräuterpfannkuchen.

Einen Pfannkuchenteig zubereiten und die Kräuter hineinrühren. Wie gewohnt ausbacken.

Dazu eine Füllung:
Schmand oder Sauerrahm, Kräuter (evtl. mit Schnittlauch) und Salz, evtl. Pfeffer und Knoblauch, verrühren und die Pfannkuchen damit füllen.

Maibowle mit wenig Alkohol

1 l Wein
1,5 l Zitronenlimonade

In diese Mischung, über Nacht, zwei Bündel Waldmeister kopfüber hineinhängen lassen.

Am nächsten Tag das Kraut entfernen und mit Sekt aufgießen.

Spitzwegerichhonig

Zwei Handvoll Spitzwegerichblätter waschen und gut abtropfen lassen, in der Küchenmaschine zerkleinern und sofort in ein Kilo etwa 60 Grad warmen Honig einrühren. 10 Minuten lang umrühren, in kleine Gläser absieben.

Am ersten Tag der Erkältung alle zwei Stunden einen Teelöffel einnehmen, falls die Krankheit länger dauert, alle vier Stunden.

Suppengewürz

Kräuter zusammen mit verschiedenen Wurzelgemüsen durch den Fleischwolf drehen; eine Mischung herstellen aus 1 Teil Salz und 4 Teilen Gemüse. Diese Mischung, in Gläser gefüllt, bleibt den ganzen Winter auch ohne Kühlung haltbar.

Kräutersalz

Kräuter, wie zum Beispiel Sellerieblätter, Majoran, Bohnenkraut usw. werden getrocknet und zusammen mit naturbelassenem Salz pulverisiert. Schon steht Ihnen eine besondere, individuelle und naturgesunde Geschmackskombination zum Würzen Ihrer Gerichte zur Verfügung.

Gedichte, Geschichten und Besinnliches

Wie kann ein Mensch sterben,
der Salbei in seinem Garten hat?

Lateinischer Spruch

Bestimmt kennen einige TN den folgenden bekannten Vers und können ihn mitsprechen:

Ich ging im Walde so für mich hin,
und nichts zu suchen, das war mein Sinn.

Im Schatten sah ich ein Blümlein stehen,
wie Sterne leuchtend, wie Äuglein schön.

Ich wollt' es brechen, da sagt es fein:
Soll ich zum Welken gebrochen sein?

Ich grub's mit allen den Würzlein aus,
zum Garten trug ich's am hübschen Haus.

Und pflanzt es wieder am stillen Ort;
nun zweigt es wieder und blüht so fort.

Johann Wolfgang von Goethe

Frühling: Kräuter und Heilpflanzen

Wegwarte

Es steht eine Blume,
wo der Wind weht den Staub,
blau ist ihre Blüte,
aber grau ist ihr Laub.

Ich stand an dem Wege,
hielt auf meine Hand,
du hast deine Augen
von mir abgewandt.

Jetzt stehst du am Wege,
da wehet der Wind,
deine Augen, die blauen,
vom Staub sind sie blind.

Da stehst du und wartest,
dass ich komme daher,
Wegewarte, Wegewarte,
du blühst ja nicht mehr.

Hermann Löns

Alles, was der Erde entsprießt, hat seine besondere Zweckbestimmung und trägt nach Kräften bei zur Vollendung der Gesamtschöpfung.
Nichts ist umsonst, nichts unnütz, was der Erde entsprießt.
Was dich nutzlos dünkt, nützt anderen, ja nützt dir häufig selbst bei anderweitigem Gebrauch.
Was nicht zur Speise dient, wirkt als Heilmittel, und oft bietet das nämliche, was dir schädlich ist, Vögeln und wilden Tieren eine unschädliche Nahrung.

Ambrosius, Bischof von Mailand, 339–397 n. Chr.

Sommer: Schmetterlinge

 Infos und Tipps für die Gruppenleitung

 Einführung in das Thema

 Anregungen für Gespräche

 Kreatives

 Spiele

 Gedichte, Geschichten und Besinnliches

Sommer: Schmetterlinge

Tipps und Info für die Gruppenleitung

Material: Je eine DIN A 4-Kopie von den häufigsten vorkommenden Schmetterlingen ihrer Region und den dazugehörigen Raupen, ein Nachschlagbuch zum Thema, um auf alle Fragen vorbereitet zu sein.

Zur Einleitung hat die GL weißes oder hellfarbiges Kartonpapier in Schmetterlingsformen zurechtgeschnitten beziehungsweise vorgezeichnet, falls die TN selbst ausschneiden.

Diese Formen werden von den TN bemalt – entweder nach einem schon bekannten Schmetterlingsmuster oder nach Fantasie.

Die fertigen Kunststücke werden als Wandschmuck oder Mobile auf fantasievolle Weise zur Schau gestellt und begleiten so dieses Jahreszeiten-Thema.

Einführung in das Thema

Steckbriefe

Während die GL jeweils einen Schmetterling als Steckbrief mit seinen markanten Merkmalen vorstellt, versuchen die TN aus den bereitgelegten Bildern den entsprechenden Schmetterling und die dazugehörige Raupe herauszusuchen, wobei die TN bestimmt Hilfe benötigen – es sei denn, ein Lepidopterologe (Schmetterlingsforscher) befindet sich in der Runde! (Lepidoptera = Schmetterlinge)

Der Zitronenfalter

Die Flügel sind zitronengelb beim Männchen, weißgelb beim Weibchen mit einem dunklen Punkt in der Mitte.

Er lebt in Laubwäldern, Gärten, Parks, Gebüsch und Waldrändern.

Größe: 50–60 mm

Raupe: Mattgrün mit seitlich weißlichen Streifen

Futterpflanze: Faulbaum und Kreuzdorn

Kohlweißling

Die Flügel sind weiß. Der Rand der Vorderflügel ist bis zur Mitte schwarz und die Unterseite der Hinterflügel ist gelblich.

Größe: 60–70 mm

Raupe: Blaugrün mit gelben Streifen und schwarzen Punkten, behaart.

Futterpflanze: Alle Kohlarten und andere Kreuzblütler. Durch die große Anzahl ihrer Nachkömmlinge gelten die Kohlweißlingsraupen als Schädlinge, da diese, wenn sie in großer Zahl auftreten, in Feldern und Gärten massive Schäden hinterlassen.

Schwalbenschwanz

Die Flügel sind cremegelb, schwarz gemustert, Flügel am Ende schwalbenschwanzförmig, wobei in der Mitte zwei rostbraune Augenflecken am inneren Rand zu sehen sind.

Größe: 60–80 mm

Raupe: Nach dem Schlüpfen ist die kleine Raupe zunächst schwarz mit weißen Flecken, nach der dritten Häutung hellgrün mit schmalen schwarzen Querbändern, auf denen sich orangefarbene Punkte befinden.

Futterpflanze: Doldengewächse

Brauner Bär

Die Vorderflügel sind dunkelbraun mit weißen Bändern, Hinterflügel ziegelrot mit schwarz geränderten blauen Augenflecken.

Er fliegt in der Dämmerung und nachts.

Größe: 50–70 mm

Raupe: Der braune Bär verdankt seinen Namen seiner behaarten Raupe. Der Körper ist bräunlich. Die dichten Haarborsten sitzen auf knopfartigen Warzen, die den ganzen Körper bedecken. Bei Gefahr rollt sie sich zusammen.

Futterpflanze: Unterschiedliche Kräuter

Sommer: Schmetterlinge

Kaisermantel

Die Flügel sind leuchtend orangerot mit dunkler Fleckung an den Flügelrändern und zur Mitte hin mit dunklen Streifen.

Größe: 65–80 cm

Raupen: Die Eier werden in Rindenspalten oder am Boden stets in der Nähe von Veilchen abgelegt. Schwarzbraun auf dem Rücken verläuft ein gelbes, breites Band. Charakteristisch sind die langen, verzweigten, schwarzgelben Dornen, insbesondere die beiden langen Kopfdornen.

Futterpflanze: Veilchenblätter

Admiral

Den Falter kennzeichnet eine rote Schrägbinde im Vorderflügel und eine rote Saumbinde am Hinterrand der Hinterflügel. Die beiden äußeren Ecken der Vorderflügel sind weiß und bläulich gefleckt. Die Unterseite der Hinterflügel ist braungelb gemustert.

Er gehört zu den Wanderfaltern und wandert jedes Jahr aus dem Süden neu zu. Die im Herbst abziehenden Falter schaffen die Alpenüberquerung aber nur selten.

Größe: 50–60 mm

Raupe: Die Färbung reicht von grün, braun bis schwarz, doch stets trägt sie beiderseits je einen gelben Streifen und gelbe Dornen.

Futterpflanze: Bevorzugt Brennnessel

Distelfalter

Die hell-ziegelroten Flügel sind überwiegend dunkelbraun gefleckt. Die Spitzenbereiche der Vorderflügel sind schwarz-weiß.

Er gehört zu den Wanderfaltern, die beim Überfliegen der Alpen meist zugrunde gehen.

Größe: 50–60 mm

Raupe: Schwärzlich bis Graugrün, hell gefleckt mit gelblichen Dornen besetzt und unterhalb des gelben Seitenstreifens rötlich braun.

Futterpflanze: Distel, Brennnessel und andere Pflanzenarten

Landkärtchen

Von den zwei Formen hat die Frühjahrsform schwarze und einige weiße Flecken und die schwarze Sommerform weißliche Querbinden. Der Körper ist schwarz.

Größe: 30–40 mm

Raupen: Die Raupen sind schwarz und tragen zahlreiche verzweigte Dornen, davon auch ein paar auf dem Kopf.

Futterpflanze: Brennnessel

Tagpfauenauge

Die braunrote Grundfarbe ist mit jeweils einem blauschwarzen Augenfleck im vorderen Außenwinkel der Flügel.

Größe: 45–65 mm.

Raupe: Schwarz, fein weiß punktiert mit langen schwarzen Rücken- und Seitendornen und gelblichen Bauchbeinen.

Futterpflanze: Brennnessel

Kleiner Fuchs

Beide Flügelpaare sind feurig rotbraun mit schwarzen und gelbbraunen Flecken, besonders am Vorderrand der Vorderflügel, Außenränder beider Flügelpaare gezackt, schwarz gesäumt, worauf sich blaue Halbmonde reihen.

Größe: 45–55 mm

Raupe: Die schwärzliche Raupe trägt beiderseits einen doppelten gelben Streifen und ist mit zahlreichen verzweigten Dornen besetzt.

Futterpflanze: Brennnessel

Sind die Schmetterlinge beziehungsweise ein Teil davon vorgestellt, werden die Bilder gemischt und die TN versuchen, diese wieder zu ordnen.

Haben wir uns die Schmetterlings-Raupen-Paare merken können?

Das kann in den folgenden Gruppenstunden mehrmals wiederholt werden, so lange, wie es den TN Spaß macht. Klar ist, dass es mit jedem Mal leichter und somit das Erfolgserlebnis größer wird.

Sommer: Schmetterlinge

Noch mehr Interessantes vom Schmetterling

Den Text liest die GL langsam und deutlich vor, evtl. in Abschnitten. Die TN haben jederzeit die Möglichkeit sich zu äußern. Anschließend formuliert die GL Fragen aus dem Text.

Die Schmetterlinge oder Falter bilden mit mehr als 150.000 Arten nach den Käfern die artenreichste Insektenordnung. Jährlich werden weltweit 700 Arten neu entdeckt.

Mit ihren Fühlern können Schmetterlinge riechen, manche auch tasten, schmecken und Temperaturen wahrnehmen. Die Fühler sind beim Männchen viel stärker ausgeprägt, wodurch diese einen erheblich besseren Geruchssinn haben. So ist es ihnen möglich, paarungsbereite Weibchen zu finden. Die Weibchen erriechen mit ihren Fühlern die passende Raupenfutterpflanze.

Nahezu alle Schmetterlinge ernähren sich von Blütennektar, Pflanzensäften und anderen nährstoffreichen Flüssigkeiten. In Ruhestellung wird der Saugrüssel unter dem Kopf eingerollt.

Die Länge des Rüssels richtet sich nach den Nahrungspflanzen.

Bei einigen Schmetterlingsarten ist der Rüssel gänzlich zurückgebildet. Somit können sie keine Nahrung aufnehmen und sterben schon bald nach der Paarung.

Da Schmetterlinge viele Fressfeinde haben, entwickelten sich im Laufe der Entstehungsgeschichte zur Tarnung und Täuschung auf ihren Flügeln vielfach Zeichnungen, die entweder wie Tieraugen aussehen, zum Beispiel beim Tagpfauenauge oder aber gefährliche und giftige Tiere imitieren. Vor allem Nachtfalter, die am Tag meist auf Baumrinden sitzen, zeigen eine rindenähnliche Flügelfärbung.

Die erwachsenen Tiere nehmen mit ihrem Saugrüssel nur flüssige Nahrung auf, meist Blütennektar. Sie fliegen dazu eine Vielzahl verschiedener Blüten an und sind deswegen auch für deren Bestäubung wichtig. Einige Pflanzen mit tiefen Blütenkelchen können nur von Schmetterlingen bestäubt werden. Es werden aber auch noch andere süße Flüssigkeiten wie zum Beispiel Pflanzensäfte, Honigtau von Läusen und der Saft von faulendem Obst gesaugt.

An heißen Tagen saugen Schmetterlinge auch gerne Wasser aus kleinen Pfützen. Sie tun dies aber auch, um Mineralsalze aufzunehmen.

Einführung in das Thema

Schmetterlinge, die in Klimazonen leben, in denen es kalte Jahreszeiten gibt, müssen überwintern. Dazu verstecken sich Zitronenfalter und Tagpfauenauge in hohlen Bäumen oder in Tierbauten und verharren dort regungslos. Die meisten Schmetterlinge überwintern aber als Raupe, Puppe oder ungeschlüpft im Ei. Manche Raupen erwachen sogar an sehr warmen Wintertagen und fressen, bevor sie wieder in die Winterruhe fallen. Je nach Region benötigen manche Raupen mehr als eine Überwinterung, um ihre Entwicklung zu vollenden.

Einige Schmetterlingsarten legen lange Wanderungen zurück. Viele sind Zuzügler aus dem Süden und können nördlich der Alpen nicht dauerhaft überleben. Diese Schmetterlinge werden auch als Wanderfalter bezeichnet. Beispiele hierfür sind das Taubenschwänzchen oder der Distelfalter. Sie fliegen im Frühjahr aus ihren Lebensräumen in Südeuropa und Nordafrika nach Norden bis über die Alpen und leben dann über den Sommer in Mitteleuropa und Teilen von Nordeuropa. Sie bilden hier sogar eine neue Generation. Naht der Winter, fliegen die meisten wieder zurück in den Süden. Manche Exemplare überwintern aber und überleben auch in besonders geschützten Verstecken.

Die Eier werden meistens auf eine spezifische Futterpflanze abgelegt, damit die Raupen schon nach dem Schlüpfen Nahrung vorfinden. Die Raupen schlüpfen in der Regel nach zwei bis drei Wochen. Wenn die Eier überwintern, was bei vielen Arten vorkommt, schlüpfen die Raupen mitunter erst nach einem halben Jahr. Ihre erste Entwicklung ist dann meist schon vor dem Winter abgeschlossen, lediglich das Schlüpfen wird hinausgezögert.

Auf der Unterlippe der Raupe befindet sich auf einem Zapfen die Öffnung der Spinndrüsen, in denen Seide in Form einer Flüssigkeit produziert wird, die nach dem Austreten an der Luft erstarrt. Dieser Seidenfaden ermöglicht der Raupe das Einspinnen zu einer Puppe. Die Spinnfäden der Raupen, der in Ostasien beheimateten Familie der Echten Spinner, sind der Rohstoff für den Seidenstoff.

- Wozu benutzen Schmetterlinge ihre Fühler?
- Wie können Schmetterlinge ihre Feinde täuschen?
- Wo legen Schmetterlinge ihre Eier ab?
- Wo sind die Schmetterlinge im Winter?
- Wovon ernähren sich Schmetterlinge?
- Wovon ernähren sich Raupen?

Sommer: Schmetterlinge

Anregungen für Gespräche

Wenn wir uns Schmetterlinge vorstellen, was sehen wir dann?

Die TN erzählen, was ihnen dazu einfällt.

Die GL liest den folgenden Text langsam und deutlich vor und lässt Gespräche, die sich auftun, zu.

Unter den Insekten kommt den Schmetterlingen eine besondere Stellung zuteil. Die mannigfaltige Farben- und Formenvielfalt und der lustig-elegant erscheinende Flug lassen das Beobachten dieser imposanten Tierchen zum Augenschmaus werden. Es ist kaum möglich, Schmetterlinge zu übersehen. Kaum tauchen sie auf, werden diese Schönheiten von neugierigen Blicken verfolgt, dies blieb ihnen im Raupenstadium meist versagt. Doch auch die Raupen sind alles andere als unscheinbar oder gar eklig; sie zeigen sich oft als bunt gemustertes kleines Kunstwerk. Ekel und Angst verhindern nicht selten, diese kleinen Geschöpfe genauer zu betrachten. Angst ist allerdings unangebracht, denn die allerwenigsten dieser Tierchen wehren sich tatsächlich, zum Beispiel mit Brennhaaren.

Themen zum freien Gespräch

- Wie sehen Schmetterlinge aus?
  Formen und Muster beschreiben lassen
- Welche Schmetterlinge kennen Sie?
  Namen, Aussehen, wo wurden sie gesehen?
- Welche Entwicklungsstadien durchläuft ein Schmetterling?
  Ei, Raupe, Puppe, Schmetterling
- Wie viele Beine hat ein Schmetterling?
  Sechs
- Haben Raupen auch Beine?
  Drei Beinpaare
- Wo schlafen Schmetterlinge?
  Zur Nachtruhe suchen sich Schmetterlinge einen geschützten Ort auf der Unterseite eines Blattes oder auf einem Zweig.

- Wie schnell können Schmetterlinge fliegen?
    Die einzelnen Arten fliegen unterschiedlich schnell. So fliegen die Bläulinge und Weißlinge mit 8 km/h relativ langsam im Gegensatz zum Perlmuttfalter, der es auf 16 bis 40 km/h bringt. Schwärmer erreichen sogar eine Geschwindigkeit von 54 km/h und die Dickkopffalter gar bis zu 60 km/h.
- Was denken Sie, wie groß ist wohl der größte Schmetterling und wie klein der Kleinste?
    Der Bläuling ist nur 1,5 cm klein, der Atlasspinner wird 30 cm groß.
- Wie wird die Schmetterlingskunde genannt?
    Diese Antwort wird wohl kaum einer wissen. Vielleicht versuchen aber alle gemeinsam, dieses schwierige Wort nachzusprechen: Lepidopterologie.

Kreatives

Falten eines Schmetterlings

Material: 2 Papierquadrate, ca. 10 cm Seitenlänge,

2 Körperteile (Papierstreifen, die an den Ecken abgerundet sind), Pfeifenputzer für die Fühler,
Schere und Klebstoff

1   Das Papier wird von einer Ecke zur gegenüberliegenden Ecke gefaltet.

Sommer: Schmetterlinge

2 Die rechte und die linke Ecke werden jeweils zur oberen Ecke gefaltet.

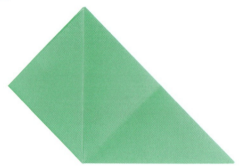

3 Beide mittleren Kanten zum jeweiligen unteren äußeren Rand falten.

4 Ein Flügel ist nun fertig, Vorgänge mit dem anderen Quadrat wiederholen.

Kreatives

5   Die Flügel zwischen die länglichen Körperteile kleben, Augen aufmalen oder ankleben und mit Fühlern ausstatten. Statt Pfeifenputzer können auch Draht oder Papierstreifen verwendet werden.

Fällt es den TN schwer mit solch kleinen Papierteilen umzugehen, können natürlich auch größere Schmetterlinge gebastelt werden.

Das Papier kann bereits bunt sein oder nach dem Falten bemalt werden.

Die TN beteiligen sich ganz nach ihren Möglichkeiten. So faltet der eine, der andere bemalt oder klebt.

Mehrere Schmetterlinge an einem schönen Zweig oder als Mobile aufgehängt sind ein wunderschöner Blickfang.

Wir pflanzen einen Schmetterlingsstrauch

Der krönende Abschluss dieses Themas wäre das gemeinsame Pflanzen eines Schmetterlingsstrauchs (Sommerflieder). Es ist ein traumhaftes Erlebnis zu beobachten, wie er die Schmetterlinge der Umgebung anzieht und die einmalige Gelegenheit bietet, an einer Pflanze möglichst viele Arten dieser kleinen Schönheiten zu bewundern.

Sommer: Schmetterlinge

Spiele

Der Werdegang eines Schmetterlings

Die fett geschriebenen Wörter lässt der GL bei folgendem Text aus und klatscht stattdessen, damit die TN das fehlende Wort nennen können.

Die **Weibchen** der Schmetterlinge legen **Eier** auf die Wirtspflanze.

Aus den Eiern schlüpfen die **Raupen,** die sich über die Wirtspflanze hermachen.

Der einzige Lebensinhalt dieser gefräßigen Tierchen ist **Fressen, Fressen und nochmals Fressen.** Dabei **häuten** sich die Raupen mehrmals, danach **spinnen sie** sich ein.

Die Verkleidung der eingesponnenen Raupen nennt man **Kokon.**

Im Kokon entwickelt sich der **Schmetterling.**

Welcher Schmetterling ist das?

Nachdem die TN die Schmetterlinge kennengelernt haben, versuchen sie sich im Steckbriefe-Raten, wobei das Wissen von Aussehen und markanten Merkmalen vertieft und verfestigt wird. Die GL beschreibt den gesuchten Schmetterling, der von den TN erraten werden soll.

Buchstaben ordnen

Die Buchstaben eines bestimmten Schmetterlings liegen durcheinander auf dem Tisch. Wie heißt der gesuchte Schmetterling?

Wettbewerb: Tische treten gegeneinander an. Wer erkennt am schnellsten die Schmetterlinge? Die benötigte Zeit jeweils aufschreiben und am Ende zusammenzählen! Natürlich wird darauf geachtet, dass die TN, den Fähigkeiten entsprechend, fair aufgeteilt sind.

Wo hängt welcher Schmetterling?

Siehe Gedächtnistraining (S. 122): *Was hängt wo?*

Statt beliebiger Bilder werden die Kopien der Schmetterlingsabbildungen verwendet. Spielerisch prägen sich mit dieser Übung die Namen der Schmetterlinge ein.

Schmetterlingspuzzle

Auf Pappe wird ein farbenprächtiger Schmetterling aufgemalt und in mehr oder weniger große oder kleine Teile geschnitten. Nun wird versucht, das Bild wieder zusammenzufügen.

Gedichte, Geschichten, Besinnliches

Der Schmetterling

Es war einmal ein buntes Ding,
ein sogenannter Schmetterling,
der war ein Falter –
recht sorglos für sein Alter.

Er nippte hier und nippte dort,
und war er satt, so flog er fort,
flog zu den Hyazinthen
und guckte nicht nach hinten.

Er dachte nämlich nicht daran,
dass was von hinten kommen kann.
So kam's, dass dieser Schmetterling
verwundert war, als man ihn fing.

Heinz Erhardt

Der Schmetterling und der kleine Junge

Ein kleiner Junge sieht, wie sich ein Schmetterling mühsam aus seinem Kokon befreien möchte.

Er hat Mitleid mit ihm und öffnet deshalb den Kokon vorsichtig mit seinem Taschenmesser, sodass der Schmetterling leicht herausklettern kann.

Der Schmetterling macht ein paar Flügelschläge und fällt dann tot zu Boden.

Ganz traurig geht der Junge zu seinem Vater und erzählt ihm von dem Vorfall.

Dieser sagt: „Der Schmetterling braucht den Kampf mit dem Kokon, um für das Leben stark genug zu sein".

Sommer: Schmetterlinge

Der Schmetterling

Sie war ein Blümlein, hübsch und fein,
hell aufgeblüht im Sonnenschein.
Er war ein junger Schmetterling,
der selig an der Blume hing.

Oft kam ein Bienlein mit Gebrumm
und nascht und säuselt da herum;
oft kroch ein Käfer kribbelkrab
am hübschen Blümlein auf und ab.

Ach Gott, wie das dem Schmetterling
so schmerzlich durch die Seele ging.
Doch was am meisten ihn entsetzt,
das allerschlimmste kam zuletzt:

Ein alter Esel fraß die ganze
von ihm so heiß geliebte Pflanze.

Wilhelm Busch

Herbst: Bäume

 Infos und Tipps für die Gruppenleitung

 Einführung in das Thema

 Anregungen für Gespräche

 Kreatives

 Spiele

 Gedichte und Besinnliches

Herbst: Bäume

Tipps und Info für die Gruppenleitung

Als Tischschmuck stimmen Blätter und Früchte, Zweige etc. auf das Thema ein.

Auch ein frisches Holzstück zum Riechen bietet sich bestens an.

Legen Sie sich ein gutes Nachschlagewerk bereit, damit sie für aufkommende Fragen gewappnet sind.

Einführung in das Thema

Haben Sie schon einmal einen alten Baum mit allen Sinnen wahrgenommen, den mächtigen alten Baum ganz bewusst betrachtet? Sich vorgestellt, wie alt er wohl sein mag, welchen Gefahren er getrotzt hat und welche Zeiten durchlebt?

Wie viele Jahre hindurch hat dieser knorrige Wächter Generationen kommen und gehen sehen und die Schicksale der Menschen begleitet?

Kein Mensch, der in seinem Leben nicht Bäumen nahe gekommen wäre, der nicht die Nähe dieser holzigen, standhaften Wesen schätzt und der nicht die erholsame Wirkung des Waldes erleben durfte. Bäume spenden uns Nahrung und Schutz, zeigen sich in ihrer ausladenden Schönheit und schenken das Gefühl von Geborgenheit und Vertrautheit. Bäume wechseln im Laufe der Jahreszeiten ihr Erscheinungsbild. Das zunehmende Alter hinterlässt Spuren von Schicksalsschlägen wie Blitz und Sturm. Gleichzeitig steht ein alter Baum für Standhaftigkeit und Würde.

Gleich einem gastlichen Haus bietet der Baum einer kunterbunten Gästeschar (Insekten, Vögel ...) eine lebenswichtige Herberge.

Zum Staunen

- Die meisten Eichen fruchten erst, wenn sie schon 50 bis 80 Jahre alt sind, was sie aber durch eine hohe Lebensdauer ausgleichen können.
- Eine frei wachsende Buche blüht erst, wenn sie 50 Jahre ist. Wenn sie im Wald steht, kann es bis zu 80 Jahre dauern.
- Wie viele verschiedene Baumarten wachsen auf der Erde?
  Etwa 30.000

Was ist ein Baum?

Wir versuchen den Begriff „Baum" kurz und treffend zu beschreiben.

Als Baum wird im Sprachgebrauch eine Pflanze verstanden, die aus Wurzel, einem daraus emporsteigenden, hochgewachsenen Stamm und einer Krone besteht. Die Botanik bezeichnet Bäume als mehrjährige, holzige Samenpflanzen. Stamm, Äste und Zweige verlängern sich jedes Jahr durch Austreiben von Endknospen und Seitenknospen, verholzen dabei und nehmen ständig an Umfang zu.

Anregungen für Gespräche

Dabei sollen das Interesse und die Neugier der TN am Inhalt geweckt werden und wissenswerte Informationen in das Thema einstimmen.

Rund um das Thema Baum

- Welches sind die größten und ältesten Lebewesen, ohne die die Menschheit nicht existieren könnte?
- Was geschieht mit einer Landschaft ohne Bäume?
- Was glauben Sie, wie viel Prozent der Landfläche auf der Erde ist mit Wald bepflanzt?
  30 Prozent
- Dürfen Waldbesitzer so viel Holz fällen wie sie wollen?
  In Europa gilt das Prinzip der nachhaltigen Waldbewirtschaftung, nach dem nur so viel Holz entnommen werden darf, wie nachwächst.
- Aus welchen Teilen besteht ein Baum?
  – Ein Baum ist eine Pflanze, die aus einer Wurzel, einem daraus emporsteigenden Stamm und einer Krone besteht.
  – Botanisch gesehen sind Bäume mehrjährige, holzige Samenpflanzen.
  – Die Blätter sitzen an mehrfach verzweigten Seitentrieben. Stamm, Äste und Zweige verlängern sich jedes Jahr durch Austreiben von Endknospen und Seitenknospen, dabei verholzen sie und nehmen ständig an Umfang zu.

Herbst: Bäume

- Welche Teile gehören zum Baum?
  - Wurzel, Stamm, Rinde, Krone, Äste, Blüten, Früchte, Blätter, Zapfen, Nadeln
- Welche Baumarten gibt es?
  - Laubbäume, Nadelbäume und Palmen
- Welches sind die typischen Laubbäume unserer Heimat?
  - Ahorn, Birke, Buche, Eiche, Erle, Esche, Linde, Mehlbeere, Pappel, Ulme, und Weiden
  - Obwohl zu unserem Landschaftsbild gehörend, sind zum Beispiel der Walnussbaum und viele Obstbäume nicht ursprünglich bei uns beheimatet.
- Welche sind unsere typischen Nadelbäume?
  - Fichte, Tanne, Kiefer
- Wie werden die Samen der Bäume verbreitet?
  - Die Samen können vom Wind fortgetragen, von den Tieren in die Erde vergraben oder durch deren Kot verschleppt werden.
- Was geschieht mit den unzähligen Samen, die ein Baum bildet?
  - Ein großer Teil dient den Tieren und auch den Menschen als Nahrung (von welchen Samen ernähren sich welche Tiere?). Samen können aber auch von Schädlingen befallen werden oder an ungünstigen Stellen keine Voraussetzungen für eine Keimung finden. Aber auch der Keimling läuft Gefahr, zertreten oder gefressen zu werden.
- Wie wird aus einem Samen ein Baum?
  - Findet ein Samen die Grundvoraussetzungen für seine Entwicklung, setzen die Keimung und die erste Wachstumsphase mithilfe des Nährstoffvorrates in dem Samen ein.
  - Manche Samen keimen nach wenigen Tagen, andere Samen keimen erst nach dem Winter.
- Auf welche Weise ernährt sich ein Baum?
  - Von den feinen Wurzelspitzen gelangen Wasser und Mineralien über den Stamm bis in die Blattspitzen.
- Wie wird die äußere Schicht des Baumes genannt und warum ist sie so wichtig?
  - Borke – sie dient dem Baum zum Schutz vor Austrocknung und Schädlingsbefall. Borke ist abgestorbenes Gewebe, das reisst und abblättert, wenn der Umfang des Baumes zunimmt. Zum Schutz wird ständig neue Borke nachgebildet.

Anregungen für Gespräche

- Woran ist das Alter eines Baumes zu erkennen?
  - Wächst der Baum unter im Jahresrhythmus schwankenden klimatischen Bedingungen, wird während der Vegetationsperiode ein Jahresring angelegt. Mithilfe dieser Ringe lassen sich sowohl das Alter eines Baumes als auch dessen Wachstumsbedingungen in den einzelnen Jahren ablesen.
- Welchen Gefahren ist das kleine Bäumchen im Laufe seines Wachstums ausgeliefert?
  - Pilz- und Insektenbefall, Windbruch, Schneebruch, Blitzschaden, Frost, Wildverbiss und spezielle Baumkrankheiten
- Welche Teile des Baumes werden vermarktet?
  - Holz, Bast, Rinde zum Beispiel als Mulch oder von der Korkeiche als Korken, Blüten, Früchte, Samen
- Welchen Tieren bietet der Baum Lebensräume?
  - Vögel, Insekten, Schmetterlinge
- Wie viel Masse, im Verhältnis zum oberirdischen Teil, machen die Wurzeln aus?
  - Die Gesamtwurzelmasse reicht oft an die Masse der oberirdischen Pflanzenteile heran, wobei die überwiegende Masse des Wurzelstockes nicht die verholzten Teile ausmacht, sondern die Feinwurzeln.
- Durch welche Merkmale kann die Baumart bestimmt werden?
  - Das wichtigste Bestimmungsmerkmal sind die Blätter, die Blüten und natürlich die Früchte.
  Im Winterhalbjahr können Bäume z.T. auch an der Wuchsform erkannt werden. Die Kronenform mancher Bäume entspricht der Blattform.
- Was geschieht natürlicherweise mit einem nicht mehr lebensfähigen Baum?
  - Er wird wieder im natürlichen Kreislauf aufgenommen. Pilze, Moose, Farne und Flechten vereinnahmen das modrige Gehölz. Der Baum wird durch Mikroorganismen und Insekten zersetzt und so in Form von Mineralien dem Boden wieder zugeführt.
- Welche kulturelle und religiöse Rolle spielt der Baum?
  - Die Juden feiern ein „Neujahrsfest der Bäume", an dem mit einem bestimmten Gebet Bäume für Angehörige und Freunde gepflanzt werden. Bis heute hält sich der Brauch aufrecht, zur

Herbst: Bäume

Geburt eines Kindes einen Baum zu pflanzen oder zur Hochzeit einen Baumstamm zu zersägen.
Im Jahreskreis haben der Mai- und der Weihnachtsbaum seit eh und je ihren festen Platz.
– In vielen alten Kulturen wurden Bäume als Sitz der Götter oder anderer übernatürlicher Wesen verehrt. Auch in der Bibel werden Bäume immer wieder erwähnt, insbesondere der Baum des Lebens und der Baum der Erkenntnis, aber auch der Olivenbaum und der Feigenbaum.

- Wie viele Blätter trägt ein durchschnittlicher europäischer Laubbaum und welchen Nutzen bringt er uns?
  – 30.000 Laubblätter; durch die große Blattmasse kann ein Baum an einem warmen Sommertag mehrere Hundert Liter Wasser verdunsten.
  Das Beispiel einer 80-jährigen, allein stehenden Rotbuche:
  In diesem Lebensalter ist der Baum 25 m hoch und seine Baumkrone mit einem Durchmesser von 15 m bedeckt eine Standfläche von 160 m^2. In ihren 2.700 m^3 Rauminhalt finden sich 800.000 Blätter mit der gesamten Blattoberfläche von 1.600 m^2. Sie produzieren Sauerstoff, der dem Bedarf/Verbrauch von zehn Menschen entspricht.
- Welche Bäume gelten als typisch deutsch?
  – Eiche und Linde
- Warum können Mensch und Tier ohne Bäume nicht leben?
  – Ohne den von Bäumen produzierten Sauerstoff und ihrem Filtersystem für Luft und Wasser könnten wir nicht leben. Bäume schenken uns außerdem Nahrung, Bau- und Brennholz.
- Warum färbt sich das Laub im Herbst, bevor es fällt?
  – Bevor das Laub fällt, baut der Baum wichtige Stoffe, zum Beispiel das Chlorophyll, aus den Blättern ab und lagert sie in den Zweigen, im Stamm und in den Wurzeln. Im nächsten Frühjahr stehen diese Reserven dem Baum aufs Neue zur Verfügung.
  Das Laub wirkt deshalb bunt, weil das grüne Chlorophyll abgebaut wird und die gelben bis roten Farbtöne darunter sichtbar werden. Die gefallenen Blätter bilden den herbsttypischen Blätterteppich, der so wunderbar beim Durchlaufen raschelt. Würde der Baum seine Blätter nicht abwerfen, wäre sein Überleben wegen des zu großen Wasserverlusts im Winter gefährdet.

Anregungen für Gespräche

– Gilt das Sprichwort „Buchen sollst du suchen, Eichen sollst du weichen" noch heute? Die Buche zeigt weniger Blitzeinschläge, weil der Blitz an ihrer glatten Rinde abgleiten kann. Sie wird statistisch gesehen jedoch genauso oft getroffen wie die Eiche.

Wie alt wird welcher Baum?

Wie alt können unsere heimischen Laub- und Nadelbäume werden?

Welche Bäume erreichen bei uns ein besonders hohes Lebensalter?

Welche Bäume werden, im Verhältnis gesehen, nicht sehr alt?

Laubbäume

Die **Birke** kann etwa 100 Jahre alt werden.

Erle, Schwarzerle 100 Jahre, Grauerle 200 Jahre

Buche, die meisten Buchen werden nicht älter als 150 Jahre, sie können aber auch 400 Jahre werden.

Eiche, 400–500 Jahre

Salweide wird nur selten älter als 50 Jahre.

Zitterpappel, ca. 100 Jahre

Ulme, 400 Jahre

Vogelbeere, 100 Jahre

Mehlbeere (auch Speierling oder Elsbeere genannt), 50–70 Jahre

Spitzahorn, 150 Jahre

Bergahorn, 500 Jahre

Rosskastanie, 300 Jahre

Linde, 700–800 Jahre (kann sogar 1000 Jahre erreichen)

Esche, 300 Jahre

Wer weiß noch, welche Laubbäume relativ alt werden können und welche nicht so alt werden?

Herbst: Bäume

Nadelbäume

Fichte, 200–300 Jahre (maximal 600 Jahre)
Kiefer, 200–300 Jahre (maximal 600 Jahre)
Lärche, 200–400 Jahre (maximal 800 Jahre)
Tanne, 600 Jahre
Douglasie, 700 Jahre (maximal 1.000 Jahre)
Eibe, 600–750 Jahre (maximal 1.000 Jahre)

Wer weiß noch, welche Nadelbäume relativ alt werden können und welche nicht so alt werden?

Natürlich gewachsene Wälder gibt es bei uns so gut wie keine mehr. Die Wälder heute wurden von Menschenhand angepflanzt und gepflegt. Bei entsprechender Größe werden die Bäume geerntet, weshalb es nur sehr, sehr wenigen Bäumen vergönnt ist, ein biblisches Alter zu erreichen.

Rekorde

Darüber kann im Gespräch gemeinsam gestaunt werden:

- Der höchste Baum der Welt ist ein Mammutbaum in Kalifornien mit 115,5 m Höhe (als anschaulichen Vergleich können Sie zum Beispiel die Höhe der Kirche ihres Ortes gegenüberstellen).
- Der gewaltigste aller Bäume ist der General Sherman Tree, ein Mammutbaum. Er ist 84 Meter hoch und hat einen Umfang von 31 Metern. Sein Alter wird auf über 2.500 Jahre geschätzt. Wie sah das Leben auf der Erde aus, als dieser Baum am Anfang seiner Entwicklung stand? Was hat er alles durchlebt?
- Ein Riesenmammutbaum kann bis zu 6.000 t schwer werden und gilt somit als schwerstes Lebewesen der Erde. (Zum Vergleich: Wie viel wiegt ein Elefant?)
- Der höchste Baum in Deutschland ist eine 62,45 m hohe Douglasie im Eberbacher Stadtwald.
- Die niedrigsten Bäume sind Bonsai, die durch menschliche Eingriffe künstlich klein gehalten werden (evtl. könnte ein echter Bonsai als Anschauung mitgebracht werden).

- Bisher wurde angenommen, die ältesten Bäume wären die über 4.800 Jahre alten Kiefern in den White Mountains in Kalifornien. Doch nun wurden Forscher in Mittelschweden auf eine Fichte aufmerksam, die nach einer genauen Analyse des Holzes auf 9.550 Jahre bestimmt wurde. Die nachweislich ältesten Bäume Mitteleuropas sind etwa 600–700 Jahre alt. Die Existenz tausendjähriger Eichen konnte nicht nachgewiesen werden.
- Die winterhärtesten Bäume sind die dahurische Lärche und die ostasiatische Zwerg-Kiefer, die Temperaturen bis zu -70 Grad Celsius widerstehen.
- Ein Baum, der sogar noch in einer Höhe von 4.600 m wächst, ist die schuppenrindige Tanne, die im östlichen Himalaya beheimatet ist (Vergleich: die Zugspitze hat eine Höhe von 2.962 Metern).
- Das Holz mit der geringsten Dichte ist der Balsabaum.
- Der älteste Weißdorn Deutschlands steht in der Nähe von Bayreuth und wird auf 1.200 Jahre geschätzt.

Wetterregeln

21.1.
Wenn St. Agnes gekommen,
wird neuer Saft im Baum vernommen.

Februar
Im Februar zu viel Sonne am Baum,
lässt dem Obst keinen Raum.

24.2.
St. Mattheus hab ich lieb,
denn er gibt dem Baum den Trieb.

August
Der August muss Hitze haben,
sonst Obstbaumsegen wird begraben.

November
Baumblüt' im November gar,
noch nie ein gutes Zeichen war.

Herbst: Bäume

 ## Kreatives

Baumkeimlinge

Verschiedene Baumsamen getrennt in Wassergläser legen und beobachten, wann die Keimung einsetzt. Die Keimlinge werden in Blumentöpfe gepflanzt und der weitere Werdegang wird auf dem Fenstersims verfolgt.
Welche Pflänzchen wachsen schneller, welche langsamer heran?

 ## Singen und Tanzen

Lieder über den Baum

- Komm lieber Mai und mache die Bäume wieder grün
- Am Brunnen vor dem Tore
- Oh Tannenbaum
- Bunt sind schon die Wälder
- Hohe Tannen

Welches Lied wollen wir gleich singen?

 ## Spiele

Welche Wörter beginnen mit Baum?

Baumbestand, -blüte, -krone, -schule, -stumpf, -wolle, -rinde, -gipfel ...

In welchen Wörtern ist -baum enthalten?

Christbaum, Purzel-, Nadel-, Laub-, Obst-, ...

Was kann man sprichwörtlich, wenn man sich gesund und kräftig fühlt?
Bäume ausreißen.

Spiele

Buchstabenspiel

Buchstaben für einen bestimmten Baum liegen gemischt auf dem Tisch.

Die TN versuchen die Buchstaben richtig zusammenzusetzen. Welcher Baum ist das?

Als Wettkampfspiel: Mehrere Tische treten gegeneinander an. Die Spieler welchen Tisches haben den Baum als Erste erkannt?

Variante: Buchstaben für zwei Bäume liegen bereit.

Wo hängt welcher Baum?

Siehe unter Gedächtnistraining (S. 122): *„Was hängt wo?"*

Statt beliebiger Bilder werden die Kopien von Bäumen verwendet.

Spielerisch prägen sich mit dieser Übung die Namen der Bäume ein.

Sätze bilden

Aus vorgegebenen drei Wörtern, die z.T. in Beziehung zum Baum stehen, soll ein Satz gebildet werden, zum Beispiel aus Apfel – Kuchen – Blatt, oder Baum – Sonne – Liegestuhl.

Variante: Aus der Wortvorgabe wird eine kurze Geschichte erdacht.

Oder: Aus diesen Wörtern einen Vers bilden.

Tastkim

Das Tastkim ist ein Kimspiel (s. auch S. 120), das Tastsinn und Gedächtnis anspricht.

In einem Stoffbeutel befinden sich verschiedene Naturgegenstände wie Eicheln, Zapfen, Tannenzweigchen, Buchenblätter, Rinde etc., die durch Fühlen erraten werden sollen.

Während des Tastens halten sich die TN mit Kommentaren zurück. Ist die Runde durch, wird ausführlich über den Beutelinhalt gesprochen.

Als Wettkampf: Welcher Tisch/welcher TN hat die meisten Gegenstände erkannt?

Herbst: Bäume

Jahresringe schätzen

Eine Baumscheibe wird herumgereicht.
Schätzen Sie, wie viele Jahresringe sich darauf gebildet haben.
Wie viele Jahre alt war dieser Baum?

Holzgewichte schätzen

Vielleicht können sie sich in einer Schreinerei verschiedene Holzstücke besorgen, von denen Sie die Holzart erfragen.

Das Gewicht der Teile wird dann geschätzt und vor allen Augen gewogen. Wie treffsicher sind die Schätzungen?
Wie schwer/leicht sind die verschiedenen Hölzer?
Welches Holz ist eher schwer, welches eher leicht?

Stückzahl schätzen

Ein Behälter wird mit jeweils einer Sorte von Baumprodukten (wie Nüsse, Blätter, Kastanien ...) gefüllt.
Wie viele Stücke sind im Behälter?
Zu jeder Gruppenstunde kann ein Behälter mit anderem Inhalt geschätzt werden.

Zuordnungsspiel

Material

Verschiedenes Laub, gepresst und foliert oder als Kopie auf Pappe kleben und ausschneiden. Das erfordert zwar einen Arbeitsaufwand, der sich aber lohnt, da diese Materialien auch später immer wieder zum Einsatz kommen können.

Baumfrüchte wie Kastanien, Bucheckern, Eicheln, Birne, Äpfel ... werden auf dem Tisch ausgebreitet.
Welche Blätter erkennen sie?
Welche Früchte/Samen gehören zu welchem Blatt?
Früchte/Samen werden den Blättern zugeordnet und benannt.

Spiele

Als Wettkampf: Die Tische treten gegeneinander an.
Welcher Tisch ordnet am schnellsten?

Sprichwörter und Redensarten raten

Bei den folgenden Redensarten zum Thema „Baum" jeweils nur ein oder einige Wörter nennen. Die TN raten, um welchen Satz es sich handelt.

Variante: Ein Wort durch Klatschen ersetzen. Welches Wort ist das Fehlende?
Wie heißt das Sprichwort vollständig?

Beispiele

Alte Bäume biegt man nicht.
Bäume ausreißen können.
Es ist dafür gesorgt, dass Bäume nicht in den Himmel wachsen.
Hohe Bäume werfen lange Schatten.
Krumme Bäume tragen auch Früchte.
Man sieht den Wald vor lauter Bäumen nicht.
Starke Bäume geben starke Balken.
Unter den Bäumen regnet es zweimal.
An der Frucht erkennt man den Baum.
Auch ein kleiner Baum ziert einen großen Garten.
Aus einem kleinen Samen wächst ein großer Baum.
Ein Baum fällt nicht von einem Streich.
Einen alten Baum versetzt (verpflanzt) man nicht.
Fälle nicht den Baum, der dir Schatten spendet.
Hoher Baum fängt viel Wind.
So wie ein Baum mit der Zeit gerade wächst, kommt der Mensch im Alter zur Vernunft.
Stark sein wie ein Baum.
Vom Baum der Erkenntnis essen.
Wenn der Baum gefällt ist, rühmt man seinen Schatten.
Wenn die Wurzeln vertrocknen, so stirbt der Baum.
Wer den Baum gepflanzt hat, genießt selten seine Frucht.
Weshalb um Brennholz sorgen, wenn man einen großen Baum besitzt?
Die Frucht schmeckt nach dem Baume.
Im Schatten eines mächtigen Baumes gedeihen keine schattigen Früchte.

Herbst: Bäume

Zittern wie Espenlaub.
Aus dem gleichen Holz geschnitzt.
Etwas auf dem Kerbholz haben.
Suchst du des Waldes heilige Ruh'? Mach die Augen auf und das Mundwerk zu!

Diese Sprichwörter können genügend Gesprächsstoff für eine interessante, aufgelockerte Unterhaltung bieten.

Gedichte, Geschichten, Besinnliches

Herr von Ribbeck auf Ribbeck im Havelland

Herr von Ribbeck auf Ribbeck im Havelland,
ein Birnbaum in seinem Garten stand,
und kam die goldene Herbsteszeit
und die Birnen leuchteten weit und breit,
da stopfte, wenn's Mittag vom Turme scholl,
der von Ribbeck sich beide Taschen voll.
Und kam in Pantinen ein Junge daher,
so rief er: „Junge, wiste 'ne Beer?"
Und kam ein Mädel, so rief er:
„Lütt Dirn, kumm man röwer, ich hebb 'ne Birn."
So gingen viele Jahre bis lobesam
der von Ribbeck auf Ribbeck zu sterben kam.
Er fühlte sein Ende, 's war Herbsteszeit,
wieder lachten die Birnen weit und breit.
Da sagte von Ribbeck:
„Ich scheide nun ab,
legt mir eine Birne mit ins Grab."
Und drei Tage drauf, aus dem Doppeldachhaus,
trugen von Ribbeck sie hinaus.
Alle Bauern und Büdner mit Feiergesicht
sangen „Jesus, meine Zuversicht".
Und die Kinder klagten, das Herze schwer:
„He is dod nu. Wer giwt uns 'ne Beer?"

Gedichte, Geschichten, Besinnliches

So klagten die Kinder. Das war nicht recht,
ach, sie kannten den alten Ribbeck schlecht.
Der neue freilich, der knausert und spart,
hält Park und Birnbaum streng verwahrt.
Aber der alte, vorahnend schon
und voll Misstrauen gegen den eigenen Sohn,
der wusste genau, was damals er tat,
als um eine Birne ins Grab er bat.
Und im dritten Jahr aus dem stillen Haus
Ein Birnbaumsprössling sprosst heraus.
Und die Jahre gehen auf und ab,
längst wölbt sich ein Birnbaum über dem Grab.
Und in der goldenen Herbsteszeit
leuchtet's wieder weit und breit.
Und kommt ein Jung über'n Kirchhof her,
so flüstert's im Baume:
„Wist'ne Beer?"
Und kommt ein Mädchen, so flüstert's:
„Lütt Dirn,
kumm man röwer, ich gew dir 'ne Birn."
So spendet Segen noch immer die Hand
des von Ribbeck auf Ribbeck im Havelland.

Theodor Fontane

Der Mann mit den Bäumen

(Zusammenfassung des Büchleins von Jean Giono)

Einem älteren Mann in Frankreich verstarben seine Frau und sein einziger Sohn. Wofür soll er jetzt noch leben? Er lässt seinen Bauernhof in einer fruchtbaren Ebene zurück. Nur 50 Schafe nimmt er mit. Er zieht in eine trostlose Gegend, in die Cevennen, fast eine Wüstenlandschaft. Dort kann er vielleicht vergessen. Weit verstreut liegen fünf Dörfer mit zerfallenen Häusern. Die Menschen streiten sich; viele ziehen fort. Da erkennt der ältere Mann: Diese Landschaft wird ganz absterben, wenn hier keine Bäume wachsen!

Immer wieder besorgt er sich einen Sack mit Eicheln. Die Kleinen sortiert er aus und die mit Rissen wirft er fort. Die guten kräftigen Eicheln legt er in einen Eimer mit Wasser, damit sie sich richtig vollsaugen. Er

Herbst: Bäume

nimmt noch einen Eisenstab mit, dann zieht er los. Hier und dort stößt er den Eisenstab in die Erde, legt eine Eichel hinein. Nach Jahren hat er auf diese Weise 100.000 Eicheln gesetzt. Er hofft, dass 10.000 treiben. Und er hofft, dass Gott ihm noch ein paar Jahre schenkt, um so weitermachen zu können. Als er im Jahre 1947 im Alter von 89 Jahren stirbt, hat er einen der schönsten Wälder Frankreichs geschaffen. Da gibt es drei Eichenwälder von 11 km Länge und 3 km Breite!

Und was sonst noch geschehen ist? Die unzähligen Wurzeln halten jetzt den Regen fest, saugen Wasser an. In den Bächen fließt wieder Wasser. Es können wieder Weiden, Wiesen, Blumen wachsen. Die Vögel kommen zurück. Selbst in den Dörfern verändert sich alles; die Häuser werden wieder aufgebaut und angestrichen. Alle haben wieder Lust am Leben, freuen sich, feiern Feste. Keiner weiß, wem sie das zu verdanken haben, wer die Luft, die ganze Atmosphäre geändert hat.

Kann es etwas Schöneres geben als die Jahreszeiten eines Baumes?

Ein Baum steht in Schönheit von Jahr zu Jahr und behält seine Anmut und Würde.
Seine Geheimnisse sind mitten in ihm, und er erzählt nichts von Menschen und ihren vorübergehenden Erlebnissen. Wir lernen etwas, wenn wir einen Baum betrachten.
Ständig beschneidet er sich selbst, fortgesetzt wirft er alles Übermäßige ab. Wenn er an einer schwierigen Stelle wächst, sendet er tiefe Wurzeln hinab, um nach einem festen Halt zu suchen. Jedes Blatt ist einzigartig und schön – doch es dient auch dazu, giftige Stoffe aus der Atmosphäre zu entfernen und sendet einen sauberen Duft aus, um uns vor der Hitze zu schützen. Neben einem Baum zu sitzen oder unter einer Eiche auf der Erde zu liegen ist der Gipfel des Genusses.

Die weisen Frauen der Cherokee

Pflanz einen Baum. Und kannst du auch nicht ahnen,
wer einst in seinem Schatten tanzt,
bedenke Freund, es haben deine Ahnen,
eh' sie dich kannten, auch für dich gepflanzt.

(N.N.)

Gedichte, Geschichten, Besinnliches

Kein anderes Geschöpf ist mit dem Geschick der Menschheit so vielfältig,
so eng verknüpft
wie der Baum.

Alexander Demanth

Auch wenn ich wüsste, dass morgen die Welt unterginge,
ich würde noch heute einen Apfelbaum pflanzen.

Martin Luther

Wenn du für ein Jahr planst,
dann säe ein Korn.
Wenn du für ein Jahrhundert planst,
dann pflanze Bäume.

Chinesisches Sprichwort

Der Wald ist ein besonderes Wesen
von unbeschränkter Güte und Zuneigung,
das keine Forderungen stellt
und großzügig die Erzeugnisse
seines Lebenswerkes weitergibt;
allen Geschöpfen bietet er Schutz
und spendet Schatten – selbst dem Holzfäller,
der ihn zerstört.

Siddharta Gautama Buddha

Gebet des Waldes

Mensch! Ich bin
die Wärme deines Heimes
in kalten Winternächten.
Der schirmende Schatten,
wenn des Sommers Sonne brennt.
Ich bin der Dachstuhl deines Hauses,
das Brett deines Tisches.
Ich bin das Bett, in dem du schläfst.
Ich bin das Holz,
aus dem du deine Schiffe baust.

Herbst: Bäume

Ich bin der Stiel deiner Haue,
die Türe deiner Hütte.
Ich bin das Holz deiner Wiege
und deines Sarges.
Ich bin das Brot der Güte,
die Blume der Schönheit.
Erhöre mein Gebet:
Zerstöre mich nicht!

Unbekannter Autor

Winter: Vögel

 Infos und Tipps für die Gruppenleitung

 Einführung in das Thema

 Anregungen für Gespräche

 Singen und Tanzen

 Spiele

 Gedichte und Besinnliches

Winter: Vögel

 Tipps und Info für die Gruppenleitung

Material: Es werden 10–15 DIN-A-4 Farbbilder (z.B. Kopien, evtl. foliert) der bekanntesten heimischen Vögel benötigt.

Legen Sie sich auch noch ein vogelkundliches Nachschlagewerk zu, damit Sie für alle Fragen gerüstet sind!

Der Tisch ist dekoriert mit allem zum Thema Passendem:

Federn verschiedenster Art, evtl. gefundene Vogeleier oder Nester. Bereits im Vorfeld kann auch von den TN Anschauungsmaterial zusammengetragen werden.

Die TN äußern sich zu den Gegenständen auf dem Tisch und bekommen die Möglichkeit, ihre Fundstücke beziehungsweise persönlichen Gegenstände vorzustellen.

Eines der Vogelbilder wird herumgereicht. Die TN halten sich aber mit möglichen Antworten in Bezug auf den Namen des Vogels so lange zurück, bis alle das Bild betrachten konnten. Währenddessen stellt der GL den gesuchten Vogel vor. Er nennt seine markanten äußeren Merkmale, seinen bevorzugten Lebensraum, evtl. kann auf einer Vogelstimmen-CD der typische Gesang vorgespielt werden.

Wer hat diesen Vogel schon einmal gesehen und wo? Kommt er häufig vor? Wie groß ist er?

Es werden nicht alle Vögel während einer Gruppenstunde vorgestellt. Die GL entscheidet, wie groß der Umfang an Information für die Gruppe sein soll.

Bei jedem weiteren Zusammentreffen werden neue Vögel dazu genommen und zuvor die bereits vorgestellten wiederholt – zum Beispiel sollen die Vögel in Form von Steckbriefen erraten werden. Auch die TN können natürlich Steckbrief-Fragen stellen.

Am Ende der Stunde werden nochmals gemeinsam die Erkennungsmerkmale der Vögel wiederholt.

Diese Wiederholung findet auch in den künftigen gemeinsamen Stunden statt.

Es macht viel Freude, die Vögel immer sicherer zu erkennen.

Da sich das Thema über eine längere Zeit hinzieht, haben die TN regelmäßig die Möglichkeit, von ihren Beobachtungen bei den Spaziergängen oder auch vom Blick aus dem Fenster zu berichten.

Es bietet sich an, begleitend zum Vogelthema, eine oder mehrere Futterstellen einzurichten und diese bis zum Ende der Futtersaison zu pflegen. So entstehen praktische Anschauungsobjekte, die den Lauf dieser Jahreszeit mit großer Freude bereichern.

Einführung in das Thema

Zoologische Einteilung der Vögel

Vögel werden eingeteilt in:

Weichfutter- und Insektenfresser: Diese Vögel haben meist einen spitzen, schlanken Schnabel – zu ihnen gehören zum Beispiel Amsel, Blau- und Kohlmeise, Baumläufer, Kleiber, Drossel, Zaunkönig, Rotkehlchen.

Körnerfresser: Diese Vögel haben meist einen kurzen, dicken Schnabel.

Zu ihnen gehören Meisen, Finken, Gimpel (Dompfaff), Goldammer, Erlenzeisig, Stieglitz, Sperlinge, Ammer.

Allesfresser sind zum Beispiel die Krähen und Tauben – außer Schnecken, Würmer, Insekten, Samen und Früchte schmeckt ihnen auch so mancher Abfall.

Wer das bunte Treiben am Futterhäuschen verfolgt, darf auch immer wieder mit Überraschungen rechnen. So können auch, mit etwas Glück, neugierige Mäusebussarde oder jagende Sperber gesichtet werden. Doch nicht nur Vögel finden sich an so einem Futterplatz ein. Eichhörnchen sind hervorragende Kletterer und Springer und erreichen so manche unzugängliche Stelle auf der Suche nach Futter.

Die Vogeluhr

Vögel beginnen mit ihrem Gesang zu unterschiedlichen Zeiten. Wer sich vom frühesten Gesang der Vögel wecken lassen will, dessen

Winter: Vögel

 Schlaf wird bereits gegen drei Uhr von der Feldlerche unterbrochen. Eine halbe Stunde danach trillern das Blaukehlchen, die Nachtigall und der Gartenrotschwanz um die Wette. Weitere 30 Minuten später ertönt das Lied des Zaunkönigs, gefolgt von der Amsel. Um 4 Uhr 30 jubilieren die Meisen, worauf eine viertel Stunde später Star, Spatz und Buchfink einstimmen, gefolgt von Distelfink, Grünfink und Bachstelze. Gegen 5 Uhr 30 bis zum Sonnenuntergang singen alle.

Aber auch zur nächtlichen Stunde, bis etwa 22 Uhr, sind beim Gelbspötter, der Amsel und dem Rohrsänger Gesang angesagt. Die Nachtigall, ihrem Namen entsprechend, singt sogar bis nach Mitternacht.

Warum die Vögel zu unterschiedlichen Zeiten ihren Gesang ausführen, kann auch heute nicht anders erklärt werden als damit, dass die Vögel nun einmal zu verschiedenen Zeiten ihren Schlaf beenden. Die einen sind Langschläfer, die anderen stehen früh auf.

Sprachschatz in der Vogelkunde

Ornithologe: Wissenschaftler, der sich mit Vögeln beschäftigt.

Balg: Ausgestopftes Gefieder eines Vogels

Balz: Verhaltensrituale, um einen Partner auf sich aufmerksam zu machen.

Gelege: Gesamtheit der Eier, die von einem Vogel während der Brutperiode gelegt werden.

Nestflüchter: Vögel, die bereits kurz nach dem Schlüpfen das Nest verlassen und sich ihre Nahrung selbst suchen können.

Nesthocker: Vögel, die nach dem Schlüpfen auf die Versorgung durch die Eltern angewiesen sind.

Schaft: Der lange dünne Mittelteil einer Feder

Schopf: Die verlängerten oder hochstehenden Federn auf dem Scheitel eines Vogels

Gewölle: Unverdauliche Nahrungsbestandteile, zum Beispiel: Haare, Schalen, Knochen ...

Instinkt: Angeborene Verhaltensweise

Mauser: Ist der Vorgang, bei dem innerhalb von ein bis zwei Monaten die alten abgenutzten Federn durch neue ersetzt werden. Der Zeitraum der Mauser ist allerdings von Vogel zu Vogel unterschiedlich. Bei

Einführung in das Thema

großen Vögeln wird eine Feder nach der anderen ausgetauscht, sodass sie stets flugbereit sind. Andere Vögel, wie zum Beispiel bestimmte Entenarten, laufen während der Mauser komplett nackt herum, da ihr Federkleid nach der Brut vollkommen abgelegt wird.

Zug: Der Flug der Vögel von einer Region in die andere – die Hauptflugzeiten sind das Frühjahr und der Herbst.

Staunenswertes aus der Vogelwelt

- Gibt es Vögel, die nicht fliegen können?
  - Ja, zum Beispiel der Emu (Südamerika) und der Strauß (Australien) – auch Pinguine zählen zu den Vögeln, von denen keine der 18 Arten fliegen kann.
- Risse in den Federn reparieren Vögel mit einem Schnabelstrich.
- Wie viele Daunen wiegen ein Gramm?
  - 1.000 Daunen, ein Federbett besteht nur aus 1.000 g Daunen und dennoch ist es herrlich warm.
- Welche Länge haben die aufgestellten Schwanzfedern des Pfaues?
  - 1,50 Meter
- Welcher Vogel ist der Schwerste?
  - Der Strauß kann bis zu 125 kg wiegen.
    Ursprünglich war der Madagaskarstrauß der schwerste Vogel. Doch gegen Ende des 17. Jahrhunderts wurde dieser flugunfähige Vogel ausgerottet. Er wog fast eine halbe Tonne und jedes seiner Eier war 12 kg schwer. Größere Eier wurden nie gelegt (ein Straußenei wiegt bis zu 1,5 kg).
    Auch flugfähige Vögel wurden vom Menschen ausgerottet. Die Wandertaube starb 1914 aus, obwohl sie noch 100 Jahre zuvor Schwärme von bis zu einer Milliarde Vögeln bildete.
    Der berühmte Vogelkundler John James Audubon (1785–1851) beobachtete einmal einen Schwarm, der drei Tage brauchte, um über ihn hinwegzufliegen. Er schätzte, dass stündlich 300 Millionen Vögel vorbeizogen (LHW: „Vögel", Tessloffs Welt des Wissens).
- Welcher Vogel ist der Schnellste?
  - Der Wanderfalke, im Sturzflug kann er eine Geschwindigkeit von 280 km/h erreichen; sein Opfer tötet er schon allein durch die Wucht des Aufpralls.

Winter: Vögel

Der Kuckuck soll hier noch besonders erwähnt werden, da er sich in seinem Verhalten z.T. von seinen Vogel-Genossen erheblich unterscheidet.

Der Kuckuck legt nicht irgendeinem Vogel sein Ei ins Nest. Er spezialisiert sich zum Beispiel auf den Gartenrotschwanz, den Zaunkönig oder die Bachstelze.

So wie seine Vorfahren ist der Kuckuck auf seinen speziellen Wirtsvogel eingestellt, in dessen Nest er seine Eier legt, die den Eiern dieser Vogelart täuschend ähneln. Für den Kuckuck ist es nicht einfach, für seinen Nachwuchs ein geeignetes Gelege ausfindig zu machen, da der Legetermin der künftigen Pflegeeltern in etwa zur gleichen Zeit wie der eigene stattfinden muss. Aus diesem Nest frisst der Kuckuck ein Ei und legt stattdessen das eigene dazu. Das Kuckucksjunge schlüpft früher als seine Stiefgeschwister und sein in den ersten Lebenstagen reizempfindlicher Rücken verleitet ihn dazu, alles, was ihn dort berührt, aus dem Nest zu werfen – das verringert die Zahl seiner Geschwister deutlich! So ist dem Jungkuckuck die Nahrung, die er von seinen viel kleineren Zieheltern erhält, sicher.

Der Kuckuck ist ein Langstreckenzieher und zieht alleine in sein Winterquartier nach Mittel- oder Südafrika.

Sind Sie auch schon geflogen?

Auch der Mensch hegte schon in frühen Zeiten den Wunsch, wie ein Vogel in den Lüften zu schweben.

Ist Ihnen bekannt, welche Persönlichkeiten sich in früheren Zeiten mit Leidenschaft dem Fliegen widmeten?

Leonardo da Vinci zum Beispiel entwarf eine Flugmaschine, die den Vogelflug nachahmen sollte.

Auch die Geschichte vom „Schneider von Ulm" handelt vom Wunsch des Menschen, zu fliegen:

„D'r Schneider von Ulm hat's Fliega probiert, no hot'n d'r Deifel en d'Donau nei g'führt".

So lautet der Spottvers auf den Mann, der mit bürgerlichem Namen Albrecht Ludwig Berblinger hieß. Berblinger sei ein abgestürzter Spinner, so die damalige Meinung! Heute jedoch ist er längst rehabilitiert und gilt als erster Gleitflieger der Luftfahrtgeschichte.

Einführung in das Thema

Geboren wurde er am 24. Juni 1770. Im Jugendalter begann er eine Schneiderlehre und machte mit 21 Jahren seinen Meister. Sein eigentliches Interesse galt aber der Mechanik.

1811 wagte der Schneider erstmals vor den Augen des interessierten angereisten Königs Friedrich von Württemberg einen Flug über die Donau, der leider missglückte. Heute weiß man, dass damals die fehlende Thermik die Ursache war.

Albrecht Ludwig Berblinger schließlich erntete Hohn und Spott, die seinen beruflichen und gesellschaftlichen Absturz bedeuteten.

Da haben es die Vögel doch einfacher. Das Wissen um den optimalen Flug ist ihnen mit ihrem Instinkt in die Wiege gelegt worden.

Der Vogelflug

„Der Vogelflug ist wohl das eindrucksvollste Naturphänomen überhaupt" (Collins, Atlas of Bird Migration).

Am 9. Dezember 1967 sichtete ein Pilot in erstaunlichen 8.200 Meter Höhe ungefähr 30 Singschwäne, die auf dem Weg nach Irland waren. Wieso flogen sie in dieser enormen Höhe, in der minus 40 Grad herrschten? Zum einen konnten sie auf diese Weise anhaltende Schneestürme überfliegen, zum anderen nutzten sie dadurch einen starken Luftstrom, durch den sie mit 200 Stundenkilometern vorwärtskamen. So legten die Vögel den 1.300 Kilometer weiten Weg von Island nach Irland in schätzungsweise nur sieben Stunden zurück.

Der Rekordhalter unter den Zugvögeln, die Küstenschwalbe, brütet in der Arktis, überwintert aber in der Antarktis. Dieser kleine Seevogel legt damit jedes Jahr 40.000 bis 50.000 Kilometer zurück – dies entspricht etwa einer Erdumrundung!

Viele Weißstörche überwintern in Südafrika, doch zum Brüten fliegen sie weit hinauf nach Europa. Damit sind sie hin und zurück um die 24.000 Kilometer unterwegs.

Warum fliegen viele Vögel vor dem Winter in südlichere Länder?

Im Süden finden sie im Winter ein größeres Nahrungsangebot vor.

Ob ein Vogel zieht, wohin er zieht und wann bei ihm die Zugunruhe einsetzt, ist genetisch festgelegt, sowohl die Flugrichtung als auch die Flugdauer sind angeboren.

Winter: Vögel

Stammesgeschichtliche Ursache des Vogelzuges

Ist das Nahrungsangebot am Zielort des saisonalen Vogelzuges gut, dann überleben dort die meisten der angekommenen Zugvögel. Ist das Nahrungsangebot hingegen unzureichend, so sterben sie. Das heißt, nur jene Vögel, die dank ihrer Erbanlagen sowohl die richtige Richtung wählen, als auch eine angemessene Flugstrecke, können ihre Erbanlagen und damit ihr Zugverhalten an die nächste Generation weitergeben.

Wie finden die Vögel die richtige Richtung?

Um sich auf ihrem Zugweg zu orientieren, benutzen die Vögel einen inneren Kompass, der ihnen ermöglicht, das Erdmagnetfeld wahrzunehmen.

Vögel können sich ferner anhand des Sternenhimmels orientieren.

Dank ihrer Fähigkeit, UV-Licht wahrzunehmen, sind sie imstande, den Sonnenstand auch bei bewölktem Himmel zu erkennen.

Auch Landmarken können der Orientierung dienen, zum Beispiel der Verlauf einer Autobahn und die Beleuchtung von Großstädten.

Der größte Teil des Vogelzuges geschieht nachts und entzieht sich somit einer vollständigen optischen Beobachtung. Auch der Umstand, dass Vögel zum Teil in sehr großen Höhen bis zu 9.000 Meter oder gar über den Wolken ziehen, macht eine visuelle Erfassung ohne technische Hilfsmittel unmöglich.

Nicht alle Vögel verlassen im Winter die Heimat

Es wird unterschieden zwischen

Standvögel: Sie bleiben auch im Winter standorttreu.

Zugvögel: Sie verlassen ihren Sommerstandort, bevor es kalt wird, um den Winter in wärmeren Gefilden zu verbringen.

Teilzieher: Unter Teilziehern versteht man Vögel, die im Winter teilweise in den Süden ziehen, teilweise jedoch in ihrem Brutgebiet verbleiben beziehungsweise nur unwesentlich ihren Standort wechseln.

Die meisten mitteleuropäischen Vögel gelten als Teilzieher. In Deutschland gehören hierzu 80 Prozent aller Vögel. Ein bekannter Teilzieher ist zum Beispiel der Buchfink, bei dem nur das Weibchen im Herbst in den Süden zieht, während das Männchen zurückbleibt.

Aufgrund der Klimaveränderung scheinen immer mehr Zugvogelarten zu Teilziehern zu werden. Der Nutzen des Teilziehens ist:

Wenn ein strenger Winter vielen der im Brutgebiet verbleibenden Vögel das Leben kostet, überleben die ziehenden Artgenossen. Wenn der Winter mild ist, überleben die Standvögel eher und haben bei Ankunft der Zugvögel die besten Territorien schon besetzt.

Da auch **Pinguine** zu den Vögeln zählen, bietet sich an, auch diese Vogelart zu erwähnen. Wunderschöne Filme über das außergewöhnliche Leben dieser einzigartigen Geschöpfe stehen zur Verfügung und stoßen bestimmt auch bei den TN auf großes Interesse.

Hatten auch Sie schon besondere Erlebnisse mit Vögeln?

Heimische Vögel sind uns als Haustiere weitgehend unbekannt; dabei sind einige Arten unter ihnen sehr gelehrige Gesellen, wozu besonders die Krähenvögel zählen.

Forscher wissen heute, dass sich Krähenvögel die Spitzenposition in Sachen tierischer Intelligenz mit den Menschenaffen teilen. In manchen Disziplinen scheinen sie sogar Schimpansen zu schlagen. Ein Beispiel:

Einige Rabenkrähen in Tokio haben eine ausgeklügelte Taktik entwickelt, um Nüsse zu knacken. Die Vögel werfen die Nüsse auf die Straße, um sie von den Autos überfahren zu lassen. Das Erstaunliche:

Die Krähen benutzten ampelgeschützte Zebrastreifen und bringen die Nüsse ausschließlich dann auf die Fahrbahn, wenn die Autos Rot haben. Bei Grün beobachten sie, wie die Reifen die Nussschalen aufbrechen, um schließlich beim nächsten Rot seelenruhig über den Zebrastreifen zu ihrem Imbiss zu spazieren.

Anregungen für Gespräche

Spannende Fragen für Wissbegierige

- Was unterscheidet Vögel von vielen anderen Lebewesen?
    - Vögel sind mit Federn und einen Schnabel ausgestattet. Sie sind die größten Lebewesen, die flugfähig sind.
- Haben Sie auch schon eine schöne Feder besessen?

Winter: Vögel

- Von welchem Vogel stammte sie?
- Federn können auch für uns Menschen nützlich sein, wofür?
  Schreibfeder, Bettfüllung, am Pfeil des Dartspiels, Staubwedel, als Schmuck, zum Beispiel eine Federboa auf dem Hut
- Außer zum Fliegen erfüllen die Federn für die Vögel noch weitere wichtige Zwecke:
  – Sie isolieren den Vogel, sie schützen ihn vor Kälte und Nässe. Sie ermöglichen dem Vogel durch das der Umgebung angepasste Federkleid, sich zu verstecken. Die Vogelmännchen locken mit ihren oft farbenprächtigen Federn eine Partnerin an. Die weichen Federn ermöglichen das Ausbrüten der Eier.
  Es gibt so viel Interessantes über Federn zu erzählen, dass der Gefiederkunde eine eigene Wissenschaft gewidmet wurde, die „Plumologie".
- Was sind Daunen?
  – Winzige Federn, die Vögel unter ihrem Deckgefieder tragen. Diese ähneln kleinen Flocken. Zwischen ihren Härchen ist Luft eingeschlossen. Der Kälteschutz funktioniert so gut, dass Pinguine mit ihrer Daunen-Unterwäsche sogar bei einer Kälte von −50 Grad Celsius überleben können.
  Jeder Vogel besitzt verschiedene Arten von Federn, wobei jede ihren bestimmten Zweck erfüllt.
- Wie bereiten sich Vögel auf die Eiablage vor?
  Sie bauen ein Nest.
- Was wird zum Nestbau verwendet?
  – Je nach Vogelart dünne Zweige, Gras, Blätter, Erde, Moos, Haare, Wurzeln ...
  Nester können auch Fundsachen enthalten, wie zum Beispiel Bindfäden, Papier, Alufolie.
- Wie sieht ein Vogelei aus?
  – Je nach Vogelart hat jedes Ei sein atypisches Äußeres. Sowohl Größe als auch die Farbe und die Musterung unterscheiden sich. Die meisten Vogeleier sind zum Schutz unauffällig gefärbt und fügen sich so in ihre Umgebung ein.
- Werden die Eier vom Weibchen oder dem Männchen ausgebrütet?
  – Die Eier werden entweder von einem oder von beiden Elternteilen ausgebrütet. Die Brutzeit hängt von der Vogelart und der

Anregungen für Gespräche

Größe des Vogels ab und liegt zwischen 11 Tagen und 12 Wochen. Nur wenn das Ei warmgehalten wird, kann sich ein Küken entwickeln.
- Wann gibt das Küken den ersten Piepser von sich?
  - Bereits mehrere Tage vor dem Ausschlüpfen kann der Vogel meist schon piepsen.
- Aus welcher Seite des Eis schlüpft der Vogel?
  - Vor dem Ausschlüpfen dreht sich der Vogel zur stumpfen Seite, um dann die Schale aufzupicken und aufzubrechen.
- Wie sollte man sich verhalten, wenn ein junger, scheinbar hilfloser Vogel entdeckt wird?
  - Auch wenn ein junger Vogel das Nest bereits verlassen hat, wird er immer noch von den Vogeleltern gefüttert; deshalb sollte das Küken unbedingt in Ruhe gelassen werden. Einen nackten, aus dem Nest gefallenen Vogel mit nach Hause zu nehmen, um ihn großzuziehen, ist aussichtslos.
- Woher weiß der Vogel, wie er sich verhalten muss?
  - Die nötigen Fähigkeiten zum Überleben sind z.T. im Instinkt angelegt; andere Fähigkeiten müssen erlernt werden.
- Warum geben Vögel Gesänge und Rufe von sich?
  - Wie für den Menschen das Sprechen, so vermitteln die Vögel durch ihre Laute Botschaften, um auf Gefahren aufmerksam zu machen, das Revier zu verteidigen und um Partner anzulocken.
- Wir wissen von den Papageien, dass auch Vögel sprechen können. Gibt es auch heimische sprechende Vögel?
  - Die Spottdrossel kann den Gesang jedes anderen Vogels exakt nachahmen. Aber auch die meisten Rabenvögel sind fähig, artfremde Laute und auch die des Menschen zu imitieren.
- Singen das Vogel-Männchen und das Vogel-Weibchen?
  - Nur die Männchen singen, und zwar zum Zwecke der Partnersuche und zur Revierabgrenzung, während die Brut großgezogen wird.
- Müssen Vögel das Singen lernen?
  - Die Fähigkeit zum Singen ist den Vögeln angeboren; jedoch müssen sie die melodische Ausformung ihres Liedes lernen. So können die Gesänge der Vögel regionale Unterschiede aufweisen, weswegen sie sich, trotz gleicher Art, nicht mit ihrem „Dia-

Winter: Vögel

lekt-Gesang" verstehen, wenn sie in verschiedenen Regionen aufgewachsen sind.
- Welche Vögel gehören zu den Rabenvögeln?
  - Eichelhäher, Tannenhäher, Elster, Dohle, Krähe, Kolkrabe
- Was sind die wichtigsten Sinne der Vögel?
  - Hören und sehen
- Was fressen Vögel?
  - Je nach Größe und Schnabelform: Samen, Körner, Würmer, Insekten, Schnecken, Raupen, Früchte; Raubvögel erjagen sich Mäuse und andere Tiere bis zur Größe eines Rehkitzes.
- Haben Vögel Zähne?
  - Vögel haben keine Zähne. Bei manchen Vögeln haben sich jedoch Hornzahnleisten an den Schnabelrändern gebildet, zum Beispiel bei den Enten.
- Wie kann es sein, dass die „barfüßigen" Vögel im Winter nicht frieren?
  - Die Vögel verfügen über einen natürlichen Wärmetauscher. Das knapp 40 Grad warme Körperblut erwärmt das abgekühlte Blut aus den Füßen. Die Deckfedern und Daunen schützen vor Nässe und Kälte.
- Wie viele Vogelarten gibt es?
  - Ca. 10.000 Arten, davon sind ca. 4.000 Singvögel
- Welche Vögel leben bevorzugt an den Meeresküsten?
  - Brachvogel, Möwe, Kormoran, Pelikan
- Welche Vögel leben bevorzugt an Süßgewässern wie Flüssen, Bächen, Seen, Sümpfen und Marschen?
  - Störche, Milane, Gänse, Kraniche, Reiher
- Welche Vögel leben bevorzugt in der Stadt?
  - Tauben, Drosseln, Meisen, Sperlinge, Rotkehlchen, Enten und Gänse (wenn Wasserflächen vorhanden)
- Welche Vögel leben im Wald?
  - Eichelhäher, Tannenhäher, Eule, Kauz, Specht, Nachtigall, Pirol, Kernbeisser, Waldlaubsänger ...
- Welche Vögel leben im Dschungel?
  - Aras, Kolibri, Papageien ...
- Welche Vögel leben in den Bergen?
  - Fichtenkreuzschnabel, Adler, Geier

- Was sind Greifvögel/Raubvögel?
  - Kauz, Adler, Sperber, Bussard, Falke, Eule –
    Raubvögel greifen und töten ihre Beute mit ihren scharfen Fängen und Hakenschnäbeln.
    Raubvögel würgen Unverdauliches in kleinen Kugeln hervor, die man Gewölle nennt.
    Da Raubvögel mehr Wirbel als Säugetiere besitzen, ist es ihnen möglich, den Kopf ganz nach hinten zu drehen, also um mehr als 180 Grad.
- Wie alt wurde wohl der älteste uns Menschen bekannte Storch?
  - 33 Jahre

Kreatives

Vögel füttern bereitet Freude

Kaum hält der Winter Einzug, richten Vogelfreunde ihren gefiederten Lieblingen Futterplätze ein. Doch damit sie den Vögeln durch ihre Fürsorge keinen Schaden zufügen, ist Sachwissen erforderlich.

Für Vögel, die bei uns überwintern, bieten Parks, Wiesen, Felder, Hecken und naturnahe Gärten mit ihren Beeren und Samen einen reich gedeckten Tisch. Auch finden sich in Komposthaufen oder Baumrinden Larven, Insekten und Würmer. Bei sehr langen, kalten Wintern mit geschlossener Schneedecke kann es notwendig werden, die Vögel zusätzlich mit Nahrung zu versorgen. Meist füttern Vogelliebhaber die Vögel, ohne dass eine solche Notsituation eingetroffen ist. Doch sind die Futterplätze erst mal da, wird die fliegende Gästeschar an die regelmäßige Fütterung gewöhnt und ist somit während des Winters auf diese angewiesen. An einem kalten Wintertag können schon einige Stunden ohne Futter den Tod des Tieres bedeuten.

Futterplätze stellen auch ohne diese Notwendigkeit eine Berechtigung dar. Die Freude am Beobachten dieser niedlichen Geschöpfe kann allen Generationen viel Freude schenken und das Interesse und die Verantwortung für die Natur werden geweckt.

Winter: Vögel

Vogelfutter selbst gemacht

150 g Pflanzenfett
200 g Vogelfutter-Körner-Mischung
Es können noch Rosinen dazugegeben werden.

Für Nichtkörner-Fresser:
250 g Margarine
500 g Haferflocken
100 g Rosinen

Das Fett wird geschmolzen und die festen Bestandteile eingerührt. Anschließend stehen zum Einfüllen verschiedene Behältnisse zur Verfügung:

- Joghurtbecher, die nach dem Erkalten entfernt werden.
- Ton-Blumentopf mit einer Kordel, die an beiden Seiten heraushängt: vorne zum Aufhängen und unten zum Festhalten, evtl. noch mit einem Zweiglein versehen.
- Halbe Kokosschale mit Haken zum Aufhängen
- Einige Näpfe können auch einfach schräg in den Astgabeln befestigt werden für weniger akrobatische Vögel!
- Äpfel können im ursprünglichen Zustand aufgespießt oder einfach auf den Boden gelegt werden (werden besonders von Amseln und Drosseln geschätzt). Auch aufgefädelte Erdnüsse sind begehrt.

Futterzapfen und Futterzweig

Kokosfett verflüssigen und abkühlen lassen. In das noch weiche Fett das Vogelfutter geben und umrühren. Kurz vor dem Erstarrungszustand wird ein Zapfen (z.B. von einer Fichte), an dem man zuvor eine feste Schnur befestigt hat, im Fett gedreht. Die Masse bleibt hieran hängen. Nach dem Erkalten sind die in den Bäumen hängenden Zapfen nicht nur für die Mägen der Piepmätze ein Schmaus, sondern auch für das Menschenauge.

Dasselbe gelingt auch mit einem Nadelbaumzweig.

Vogelmobile

Material: Wachs oder lufttrocknende Modelliermasse

Mit dem erwärmten Wachs beziehungsweise mit der Modelliermasse können die TN nach eigener Fantasie ein Vogelkörperchen formen – jedoch ohne Flügel. Gefundene oder gekaufte flaumige Federn werden dann in die noch weiche Masse gesteckt. Eine Schlinge oder ein Häkchen zum Aufhängen wird vor dem Hartwerden in den Vogelkörper gesteckt.

Sehr schön sehen die Vögelchen in Korkenzieher-Haselzweigen aus.

Singen und Tanzen

Sitztanz

Liedtext	Bewegungen zum Sitztanz
Kommt ein Vogel geflogen, setzt sich nieder auf mein Fuß.	Mit beiden Händen fliegen
Hat' an Zettel im Schnabel,	Mit den gestreckten Daumen und Zeigefingern Schnabel imitieren – öffnen und schließen.
von der Mutter einen Gruß.	Winken
Liebes Vöglein, flieg' weiter nimm 'nen Gruß mit	Fliegen Winken
und 'nen Kuss.	Handkuss
Denn ich kann dich nicht begleiten,	Auf der Stelle wandern
weil ich hier bleiben muss.	Arme ausholen, einholen und verschränken

Winter: Vögel

Lied: Ein Vogel wollte Hochzeit machen

Bei „fideralala" abwechselnd auf die Oberschenkel patschen und in die Hände klatschen.

Mit Vogelarten, welche in diesen Strophen nicht genannt sind, können neue Verse dazu gedichtet werden. Diese neuen Texte werden natürlich beim Singen miteinbezogen – so macht das Mitsingen noch mehr Spaß.

Ein Vogel wollte Hochzeit machen
in dem grünen Walde.
|: Fi di ra la la :| Fi di ra la la la la

Der Sperber, der Sperber
der war der Hochzeitswerber.
Fidiralala ...

Die Amsel war die Braute
trug einen Kranz von Rauten.
Fidiralala ...

Der Kuckuck schreit, der Kuckuck schreit
er bringt der Braut das Hochzeitskleid.
Fidiralala ...

Die Lerche, die Lerche
die führt die Braut zur Kerche.
Fidiralala ...

Der Auerhahn, der Auerhahn
der war der würd'ge Herr Kaplan.
Fidiralala ...

Der Seidenschwanz, der Seidenschwanz
der bracht' der Braut den Hochzeitskranz.
Fidiralala ...

Die Meise, die Meise
die sang das Kyrieleise.
Fidiralala ...

Der Sperling, der Sperling
der bringt der Braut den Trauring.
Fidiralala ...

Singen und Tanzen

Die Gänse und die Anten
das war'n die Musikanten.
Fidiralala ...

Der Pfau mit seinem bunten Schwanz
macht mit der Braut den ersten Tanz.
Fidiralala ...

Die Puten, die Puten
die machten breite Schnuten.
Fidiralala ...

Der Rabe, der Rabe,
der bracht' die erste Gabe.
Fidiralala ...

Der Spatz, der kocht das Hochzeitsmahl
verzehrt die schönsten Bissen all'.
Fidiralala ...

Rotkehlchen klein, Rotkehlchen klein
das führt' die Braut ins Kämmerlein.
Fidiralala ...

Der lange Specht, der lange Specht
der macht der Braut das Bett zurecht.
Fidiralala ...

Der Uhuhu, der Uhuhu
der macht die Fensterläden zu.
Fidiralala ...

Der Hahn, der krähte: „Gute Nacht"
da ward' die Lampe ausgemacht.
Fidiralala ...

Nun ist die Vogelhochzeit aus
vielleicht ist schon der Storch im Haus.
Fidiralala ...

Volkslied, die Wurzeln reichen bis zum Jahr 1530 zurück

Winter: Vögel

Spiele

Vogelquiz

- Welche Vögel zählen zu den Zugvögeln?
  - Buchfink, Lerche, Gartenrotschwanz, Hausrotschwanz, Kuckuck, Schwalbe, Drossel, Nachtigall, Pirol, Rotkehlchen, Star, Zilpzalp ...
- Welche Vögel zählen zu den Standvögeln?
  - Haussperling, Rebhuhn, Meise, Kolkrabe, Eichelhäher, Erlenzeisig, Feldlerche, Gimpel, Goldammer, Krähe, Rotkehlchen, Zaunkönig, Fink, Taube, Amsel (die bis ins 19. Jahrhundert zu den Zugvögeln zählte), Specht, Eule ...
- Ziehen alle Zugvögel in Schwärmen?
  - Nein, zum Beispiel der Kuckuck fliegt allein.
- Wie sind die Eier des Kuckucks gefärbt?
  - Das Aussehen der Eier richtet sich nach der vom Kuckuck gewählten Vogelart.
- Warum bekommt der Specht durch den ausgeführten Trommelwirbel keine Gehirnerschütterung?
  - Eine Art Stoßdämpfer zwischen dem Schnabel und dem Schädel dämpft die Schläge.
- Stimmt es, dass früher mehr Vogelgezwitscher zu hören war?
  - Es ist leider so. Denn durch Insektizide und andere Umweltgifte sowie durch geschrumpfte Lebensräume ist die Vogelpopulation zurückgegangen.
- Wie hieß der Verhaltensforscher und Nobelpreisträger, der mit Gänsen experimentierte?
  - Konrad Lorenz; er bewies, dass Junggänse das Lebewesen, das für sie sorgt, als Elternteil anerkennen. Die Vögel glauben dann, sie gehören zur gleichen Art dieses Geschöpfes, laufen ihm nach und lernen von ihm.

Aus den Informationen, die den TN aus dem Quiz noch in Erinnerung sind und dem individuellen Wissen können sie sich mit dem GL nach Belieben gegenseitig weitere Fragen stellen.

Spiele

Vogel-ABC

Vögel, beginnend mit den Anfangsbuchstaben nach dem ABC:

A: Amsel, B: Buntspecht, C: ?, D: Drossel ... Meist sind mehrere Antworten möglich!

Vogel-Memory

Material: Vogel-Memory-Spiel

Während des Spieles werden die aufgedeckten Vogelbilder mit den Namen der Vögel genannt. Alle TN hören und sehen auf diese Weise in ständiger Wiederholung die Vogelnamen mit den dazugehörigen Bildern. So ist das Spiel für die TN eine zweifache Herausforderung:

Zum einen ist der Spieler bestrebt so viele Doppelbilder wie möglich zu sammeln, zum anderen muss er sich auch die Namen der Vögel merken.

Rätsel: Welche Vögel legen keine Eier?

Dies ist ein sehr einfaches Rätsel und doch ist es schwirig, diese Nuss zu knacken.

Verraten Sie die Antwort (die Vogelmännchen) nicht zu früh!

Hilfen: Es handelt sich um keine unbekannten Vögel.
Es gibt sehr viele davon.

Wo hängt welcher Vogel?

Siehe unter Gedächtnistraining (S. 122): *Was hängt wo?*
Statt beliebiger Bilder werden die Bildkopien von Vögeln verwendet. Spielerisch prägen sich mit dieser Übung die Namen der Vögel ein.

Wir merken uns einen lustigen Vers

Die GL liest folgenden lustigen Vers deutlich vor. Danach wird nur die erste Zeile gelesen – wie ging es weiter? Auf diese Weise pirscht sich die Gruppe bis zum Schluss voran. Schon bald kann der Text von der Gruppe allein vorgetragen werden!

Winter: Vögel

Mein Vater kaufte mir ein Haus.
An dem Haus war ein Garten.
In dem Garten war ein Baum.
Auf dem Baum war ein Nest.
In dem Nest war ein Ei.
In dem Ei war ein Dotter.
In dem Dotter war ein Rabe,
der beißt dich in die Nase.

Gedichte, Geschichten, Besinnliches

Deine Seele ist ein Vogel,
stutze ihm die Flügel nicht,
denn er will sich erheben
aus der Nacht ins Morgenlicht.

Deine Seele ist ein Vogel,
stopf' nicht alles in ihn 'rein.
Er wird zahm, satt und träge,
stirbt den Tod am Brot allein.

Deine Seele ist ein Vogel,
stutze ihn nicht vor dem Wind.
Erst im Sturm kann er dir zeigen
wie stark seine Flügel sind.

Deine Seele ist ein Vogel,
und er trägt in sich ein Ziel,
doch wird er zu oft geblendet,
weiß er nicht mehr, was er will.

Deine Seele ist ein Vogel,
hörst du ihn vor Sehnsucht schreien,
darfst den Schrei du nicht ersticken,
bleibt er stumm, wirst du zu Stein.

Deine Seele ist ein Vogel,
stutze ihm die Flügel nicht,
denn er will sich doch erheben
aus der Nacht ins Morgenlicht.

Gerhard Schöne

Das Rabenvieh war ein treuer Freund
Werner Breyer

Unser Vater wurde Frührentner. Das Gehen fiel ihm schwer. Jede Woche musste er einmal zur Dialyse. Dem zuvor leidenschaftlichen Wanderer fiel die Decke auf den Kopf, denn er musste den ganzen Tag zu Hause sitzen und konnte aus eigener Kraft das Haus nicht mehr verlassen. Ein Haustier wäre das Richtige für den Vater, riet uns der Arzt. Ja, aber was für eines?

Die ganze Familie beriet. Ein Hund musste „Gassi" gehen, also nein. Eine Katze mochte Vater nicht. Fische, Hamster, Mäuse, Reptilien waren keine Ansprechpartner. Da kam mein Bruder auf die Idee, man könne dem Vater doch einen Vogel kaufen, und zwar einen, der sprechen kann.

Mein Bruder setzte die Idee in die Tat um und kam mit einem exotisch aussehenden „Rabenvieh" daher. Das war die Meinung unseres Vaters von seinem Hausgenossen. „Da hättet ihr mir gleich einen Hahn kaufen können, den könnte man später wenigstens ... na ja. Und wie heißt dieser Vogel?" wollte Vater wissen. „Beo", sagte mein Bruder, „das ist ein Beo, ein Singvogel aus Indien." „So, Beo heißt du also." Vater und der Beo sahen sich an, und ich glaube, in diesem Moment wurde eine Freundschaft geschlossen.

Unser Vater lebte auf mit diesem lustigen Gesellen. Er lehrte ihn allerlei Kunststücke und vor allem, zu sprechen. Ganze Sätze plapperte der Vogel nach und konnte bald die Namen der Familienmitglieder aufzählen. Sagte man: „Guten Morgen, Papa", dann wiederholte es der Vogel und spulte danach alle Namen aus der Familie herunter. Er vergaß keinen. Wenn der Doktor kam, hörte dies der Beo schon am Ton des Automotors. Bevor der Doktor das Haus betreten konnte, rief der Vogel schon: „Oh Gott, der Doktor!" und das fast pausenlos. Man musste ihn in ein anderes Zimmer sperren, da er den Doktor sonst mit seinem großen Schnabel angriff. Er konnte es nicht ertragen, wenn jemand an seinem Herrchen 'rumhantierte.

Vater lehrte den Vogel, dass er ihm mit einem kleinen Stöckchen den Rücken kratze. Er musste nur nach dem Stöckchen greifen und schon rief der Beo: „Papa, Rücken kratzen", was er dann auf lustige Weise tat.

Winter: Vögel

Vaters Gesundheitszustand verschlechterte sich plötzlich dramatisch. Er musste ins Krankenhaus und starb nach wenigen Tagen. Als sich die Trauerfamilie bei uns zu Hause versammelte, musste man den Vogel wegsperren, denn er rief in einem fort: „Papa, Rücken kratzen".

Eines Tages war Beo weggeflogen und ein Nachbar berichtete uns wenig später, unser Vogel sitze auf Vaters Grab, halte einen Stab im Schnabel und rufe immer: „Papa, Rücken kratzen."

Ich ging zum Friedhof und holte den widerstrebenden Beo. Von dieser Zeit an verweigerte der Vogel das Futter und starb nach wenigen Tagen. Wir haben Vaters letzten guten Freund in seinem Grab beigesetzt.

Stellen Sie sich auch manchmal vor, wie schön es wäre, zu fliegen?

(Das Gefühl so ganz leicht und frei zu sein!)

Über den Wolken
muss die Freiheit wohl grenzenlos sein.
Alle Ängste, alle Sorgen, sagt man,
liegen darunter verborgen und dann –
würde, was und groß und wichtig erscheinen
plötzlich nichtig und klein.

Reinhard Mey

Gedächtnis-, Gesellschaftsspiele und Besinnliches

Gruppennachmittage mit variablen Themenbausteinen

Gedächtnistraining und Spiele

 Infos und Tipps für die Gruppenleitung

 Spiele

 Spiele in der Runde

Gedächtnistraining und Spiele

 Tipps und Info für die Gruppenleitung

In den folgenden beiden Kapiteln wird eine Vielzahl von Übungen und Spielen vorgestellt. Viele davon können nach eigenen Ideen abgewandelt oder erweitert werden.

Oftmals ergibt sich während der Gruppenstunde eine Möglichkeit, das Spiel für die unterschiedlichen TN zu optimieren oder es kommen neue Ideen hinzu. Da ist es für die GL hilfreich, sich Notizen für die nächste Zusammenkunft zu machen.

Vieles in diesen Kapiteln kann für Feste, an denen auch die TN und evtl. die Mitarbeiter aktiv teilnehmen in abgewandelter Form, dem Thema des Festes entsprechend, als unterhaltsame und auch lustige Einlage übernommen werden.

Spiele und Gedächtnistraining sind vom Ziel her nicht klar getrennt. Die Übergänge sind fließend.
Beides dient der Geselligkeit und der geistigen Beweglichkeit.

Die Leistungsfähigkeit des Gehirns lässt sich durch regelmäßiges Training – unabhängig vom Alter – erhalten und verbessern. Regelmäßiges Gehirntraining fördert die geistige Fitness bis ins hohe Alter.

Das Gedächtnis in geselliger Runde in Schwung zu halten, muss nicht stures Lernen bedeuten. Ein Programm mit abwechslungsreichen Spielen und Übungen lässt ohne große Mühe die geistige Fitness steigern. Mit einer abwechslungsreichen Zusammenstellung, bei der die unterschiedlichen geistigen und körperlichen Fähigkeiten der Teilnehmer berücksichtigt werden, sollen alle TN die Chance haben, sich in gelöster Atmosphäre einzubringen und mitzumachen.

Die Erfolgserlebnisse, die die TN dabei an sich bemerken, lassen sie den Alltag auf aktive Weise aufgeschlossener und interessierter und somit erlebnisreicher wahrnehmen.

Was nicht gefordert wird, verkümmert. Je mehr wir üben, je lernfähiger werden wir. Das gilt für jedes Lebensalter – wenn auch für den älteren Menschen eine langsamere Lerngeschwindigkeit gilt. Wiederholungen stärken die Merkfähigkeit. Mit schönen, richtigen Sätzen zu antworten ist bereits Gedächtnistraining.

Gedächtnistraining kann zu jeder Zeit und überall erfolgen. In der Gruppenstunde werden zum Beispiel Blumen und Kräuter der Jahreszeit mitgebracht. Die Pflanzen werden den meisten TN bekannt sein, doch wer kennt ihre Namen? Nachdem die GL die Pflanzen vorgestellt hat, wird durch regelmäßige Wiederholungen das so erworbene Wissen gefestigt und erweitert. Auf diese Weise kann immer wieder Neues hinzukommen.

Dieses Wissen weckt das Interesse und die aufgeschlossenere Wahrnehmung der unmittelbaren Umgebung.

Anmerkungen zum Gedächtnistraining

- Das uns Bekannte und selbst Betreffende ist leichter zu merken.
- Gedächtnistraining als unterhaltsames Spiel durchgeführt, steigert in anregender Weise die geistige Aufnahmefähigkeit.
- Damit alle Regionen des Gehirns gefordert werden und sich keine Langeweile durch Monotonie einschleicht, wechselt die GL die Übungsarten.
- Gedächtnistraining ist keine Quizstunde. Es geht nicht um eine Wissensabfrage, bei der meist einige TN brillieren. Stattdessen ist es das Ziel, Neugierde auf vielfältigen Gebieten zu wecken.
- Nicht richtige Antworten werden so stehen gelassen, locker und mit Humor aufgenommen und mutige TN, liegen die Antworten auch noch so daneben, werden für ihre Entschlossenheit gelobt.
- Drohen Freude und Konzentration nachzulassen, werden Pausen mit entspannter Unterhaltung, wie Singen, eine nette Geschichte vorlesen oder auch kurze, unterhaltsame Gespräche, eingelegt.
- Interessante Themen können zum Abschweifen von der Zielsetzung führen. Allerdings ist eine Plauderei, die das Interesse der TN weckt, stets zu begrüßen.
- Das Auftreten der GL ist maßgeblich entscheidend für den Erfolg. Ob gleichgültig und monoton oder aufmunternd, fröhlich und einfühlsam – bei gleichem Inhalt werden die Übungen in sehr unterschiedlichen Qualitäten bei den Senioren ankommen. Die TN sollen sich in der Runde gut aufgehoben und akzeptiert fühlen. So verlassen sie die Gruppenstunde nicht nur geistig trainiert, sondern auch seelisch aufgetankt.

Gedächtnistraining und Spiele

- Abschließend wird die GL ein Spiel wählen, das nicht zu sehr fordert, sondern bei dem Spaß und Freude im Vordergrund stehen.
- Den TN wird die Wichtigkeit des täglichen Trainings vermittelt und ihnen werden Möglichkeiten vorgeschlagen, auch selbstständig ohne großen Aufwand tägliches Gedächtnistraining durchzuführen, zum Beispiel in Form von Kreuzworträtseln, Gedichte auswendig lernen, Quizfragen lösen, aufmerksam die Zeitung lesen, etc.

Anmerkungen zu den Spielen

Die vorgestellten Spiele sind ohne große Vorbereitung, in klaren, leicht verständlichen Regeln durchzuführen.

Spiele entführen in eine gelassene, fröhliche Welt und die täglichen Unzulänglichkeiten dürfen pausieren – die Seele wird aufgetankt und der Alltag kann wieder beschwingt angegangen werden.

Spiele sind bestens einsetzbar zum zwanglosen, lockeren Kennenlernen und zur Belebung einer Gruppenstunde. Wenn während eines Beisammenseins nicht alle TN zu Wort kommen, kann eine Spieleinlage eine solche Situation positiv ausgleichen.

Bei Festlichkeiten werden Senioren zwar meist unterhalten – doch wenn sie sich nicht aktiv angesprochen fühlen, lässt die Konzentration nach und Müdigkeit stellt sich ein.

Für jedes Thema und auch für jedes Fest lassen sich passende Spiele finden.

Selbst wenn der eine oder andere TN zwischendurch einnickt, muss das kein Zeichen für eine langweilige Stunde sein oder das Gefühl vermitteln, dass diese Stunde für den TN sinnlos war – nein, jeder TN, ob aktiv oder weniger aktiv, nimmt zumindest das Gefühl der Zusammengehörigkeit mit.

Spiele in der Runde

Wer sitzt wo?

Alle TN schließen die Augen und stellen sich die Sitzordnung vor. Gemeinsam werden der Reihe nach die Sitzenden genannt.

Der Einkaufszettel

Gemeinsam wird ein Einkaufszettel erstellt. Die Liste kann bis zu 20 Artikel umfassen, denn es ist unwichtig, wie lange es dauert, bis alle Artikel ohne Hilfe aufgezählt werden können. Es wird immer wieder in Abständen, auch in den nächsten Gruppenstunden, die Liste der aufgeschriebenen Dinge aufgezählt, wobei die nicht genannten vom GL nochmals deutlich genannt werden. Sobald alle Dinge vollzählig ohne Hilfe genannt werden, ist dieses Spiel zu Ende und es kann wieder ein Neues beginnen.

Variante: Es werden spezielle Einkaufszettel erstellt, zum Beispiel für die Metzgerei (Gewicht nicht vergessen!), für die Drogerie, für den Baumarkt, für den Naturkostladen, etc.

Wie genau betrachte ich mein Wohnumfeld?

Dafür sammelt die GL im Vorfeld interessante Informationen über das unmittelbare Umfeld der TN. Es können sehr vielfältige Fragen entstehen, bei denen die TN manches Mal darüber verblüfft sein werden, wie wenig Beachtung allgegenwärtigen Dingen geschenkt wird, obwohl diese doch fest im täglichen Leben eingebunden sind.

Mögliche Fragen können sein:

Wie viele Stufen führen zum ersten Stock dieses Hauses?
Wie lang und wie breit ist unser Haus?
Wie viel Personal ist hier beschäftigt?
Wie viele Bewohner wohnen in unserem Heim?
Wie viele Tische stehen im Speiseraum?
Welcher Baum, welche Sträucher stehen im Garten?
Wie alt ist unser(e) Hausmeister/Heimleiter/in?
Welche/wie viel Lampe(n) häng(en)t im Eingangsbereich?
Wer hatte vor kurzem Geburtstag, wer als Nächster und Übernächster?
Wer hat seine Zimmertür verziert, und wie?

Wie gut kennen wir uns?

Es verwundert oft, wie wenig sich Senioren, obwohl sie doch regelmäßig zusammensitzen, wirklich kennen. Meist ist die Anzahl der Bezugspersonen sehr begrenzt, denn sie ahnen oft nicht, wie interessant Menschen aus ihrem engsten Umfeld für sie sein können.

Gedächtnistraining und Spiele

Dieses Spiel kann dazu beitragen, Neugier auf andere TN zu wecken und aufgeschlossener auf andere Personen zuzugehen.

Die GL stellt an die TN zum Beispiel folgende Frage:

Wo wurden Sie geboren?

Reihum beantwortet jeder TN diese Frage. Es ist erstaunlich, aus welchen Orten die TN stammen. Manche Orte werden unbekannt sein und der TN hat die Möglichkeit, Auskünfte über seine Heimat zu geben. Andere wiederum kommen aus einer bekannten Stadt, auch darüber gibt es bestimmt einiges zu erzählen. Der GL schreibt alle Heimatorte auf. Sind diese genannt, kann zum Beispiel ein (Heimat-)Lied gesungen werden. Danach wird Ort für Ort vorgelesen, wobei die TN die daraus stammende Person nennen sollen. Durch diese und auch die folgenden Fragen, die auch in anderen Zusammenkünften durchgespielt werden können, ist es den TN möglich, auf meist lustige Art sich besser kennenzulernen – sich ein Bild vom Gesprächspartner zu machen und evtl. Gemeinsamkeiten zu finden.

Weitere mögliche Fragen:

Wann wurden Sie geboren? Anfangs genügt der Monat – ist dieser geläufig, wird noch der Tag dazu genommen. Es ist schön und praktisch für den Alltag, wenn sich die Geburtstage, mehr oder weniger, bei den TN einprägen. Auch in anderen Gruppenstunden ist die Wiederholung dieser Daten in der Gruppe lustig und spannend.

Welchen Beruf übten Sie aus?

Welches Hobby hatten/haben Sie?

Über welches Geburtstagsgeschenk würden Sie sich am meisten freuen?

Wir gehen in unsere Lieblingsgaststätte zum Essen – was bestellen Sie?

Ihr Lieblingssänger will Ihnen zum Geburtstag ein Ständchen singen. Wie würde der Sänger heißen und welches Lied wird er vortragen?

Den kommenden Sonntag wollen Sie sich etwas ganz Besonderes gönnen? Was?

Was hat Frau B heute an?

Einige TN werden vor die Türe geschickt. Bevor nun einer dieser TN wieder den Raum betritt, wird gemeinsam überlegt, welche Kleidung und welchen Schmuck sie/er trägt.

Meist genießen es die TN, wenn sie von der Gruppe auch einmal bewusst angeschaut werden. Die TN werden in fröhlicher Runde erkennen, wie genau beziehungsweise ungenau wir uns gegenseitig betrachten.

Kräuter schnuppern

Vorbereitung: In grobmaschige, kleine Säckchen, die sehr leicht selbst herzustellen sind, werden Kräuter gegeben und zugebunden. Intensiv duftende Pflanzen wie Salbei, Pfefferminze, Petersilie, Schnittlauch, Liebstöckel und Zitronenmelisse eignen sich besonders. Ist die Gruppe größer, kann es nötig sein, mehrere Säckchen mit dem gleichen Inhalt vorzubereiten.

Spielverlauf: Ein Säckchen wird reihum weitergegeben, wobei jeder TN versucht, das Kraut zu erraten. Mit der Antwort sollen sich die TN allerdings zurückhalten, bis alle TN die Möglichkeit hatten, den Geruch intensiv zu erfahren.

Gerüche können sehr stark Erinnerungen wecken, wobei den TN die Gelegenheit eingeräumt wird, sich darüber auszutauschen. So wird der eine TN den Pfefferminztee aus dem eigenen Garten in der Nase haben, oder es erinnert sich der andere an den Salbei, den er sich immer bei Halsschmerzen aufgebrüht hat.

Variante: Statt Kräuter werden Gewürze, zum Beispiel in Pulverform, in entsprechenden Behältnissen verwendet.

Gedächtnisübungen mit aktuellen Daten

Durch das Erfassen aktueller Zahlen und Fakten haben die TN die Möglichkeit, ihr Allgemeinwissen auf dem neuesten Stand zu halten. Ihre Informationen über die laufenden Veränderungen auf der Welt nehmen zu. Mit realen Zahlen und Fakten umzugehen, kann das Interesse am öffentlichen Geschehen steigern und bietet zudem vielseitigen Gesprächsstoff.

Gemeinsam Zeitung lesen

Die GL liest deutlich aus der Zeitung vor, wobei die TN jederzeit Gelegenheit haben, sich zu dem Gelesenen zu äußern beziehungsweise die

GL fragt die TN immer wieder nach ihrer Meinung. Aufkommende Fragen werden gemeinsam durchdacht.

Während des Vorlesens nennt die GL auch einmal ein falsches Datum oder baut sonstige Fälschungen ein – wem sind die Fehler aufgefallen?

Zum Abschluss können folgende Fragen gestellt werden:

„Welche Nachricht hat Ihnen am besten gefallen"?
„Sind Ihnen auch gute Nachrichten aufgefallen"?

Preise raten

Anhand eines Supermarktprospektes werden Waren aus dem täglichen Einkauf genannt.

Wie viel muss heute für bestimmte Lebensmittel und andere alltägliche Dinge bezahlt werden (z.B. für 100 g einer bestimmten Wurstsorte, 1 kg Zucker, 1 kg Mehl, usw.)?

Es kann weiter ausgeholt werden, zum Beispiel wie viel kostet heute 1 Liter Benzin? Wie weit kann man damit fahren? Wie viel kostet dann die Fahrt von A nach B?

Wie viel muss heute für eine Dauerwelle oder einen Herrenhaarschnitt bezahlt werden?

Interessant sind Vergleiche zu früher: Wie viel Stunden musste für ein Brot gearbeitet werden, wie lange heute?

Unser Geld

Mit welchen Cent/Euro-Münzen und Euro-Scheinen bezahlen wir heute?

Was ist auf einem 5-Euro-Schein abgebildet, was auf einem 10-Euro-Schein, usw.?

Es ist schon lustig, zu erkennen, dass Dinge, die doch täglich im Gebrauch sind, oft kaum betrachtet werden.

Heimatstadt-Quiz

Fragen zur jetzigen gemeinsamen Heimat werden von der GL zusammengetragen.

Informationen können leicht im Rathaus eingeholt werden.
Es kann einzeln oder tischweise um den Sieg, wer die meisten Fragen beantworten konnte, gekämpft werden.

Idealerweise wird ein städtetypischer Preis verliehen.

Wir als Teil der EU

Viele Senioren sind geografieinteressiert. Eine große Landkarte zum Thema wäre deshalb bestimmt eine Bereicherung, nicht nur für die Gruppenstunde.

Es ist nicht aufwändig, sich die aktuellen Zahlen über die EU zu besorgen. Diese Informationen enthalten eine Fülle interessanter Fragen und Antworten.

Beispiel:

Welches Land in der EU hat die meisten Einwohner und welches Land die zweit- und drittmeisten? Welche EU-Länder haben die wenigsten Einwohner?

Welches Land der EU besitzt die größte Fläche?

Welche Länder sind im Verhältnis zu den anderen relativ groß?

Welches sind die kleinsten Länder der EU?

Welche Länder sind relativ dicht, welche weniger dicht bevölkert?

In welchen EU-Ländern wurde bereits der Euro eingeführt?

Seit welchem Jahr gibt es bei uns den Euro?

In welchen Ländern gibt es den Euro noch nicht lange? Etc.

Aus dem Atlas

Länder erkennen:

Der GL liest aus einem Lexikon die Beschreibung eines europäischen Landes, ohne dessen Namen zu nennen. Die Zahl der Einwohner und die Größe und Besonderheiten wie Flüsse, Seen, Industrie, Wirtschaft und Sehenswürdigkeiten werden genannt.

Wer errät, um welches Land es sich handelt?

Gedächtnistraining und Spiele

Weitere Varianten:

Gesucht werden Bundesländer, Seen, Berge, Flüsse, Städte, usw.
Später werden auch Länder außerhalb Europas dazu genommen.
Aber nicht zu viel Information auf einmal geben und lieber auf Fragen und Gespräche zum Thema eingehen. Die erworbenen Informationen werden in den nächsten Zusammenkünften aufgefrischt und neue Angaben schließen sich an.
Es geht nicht um richtige Antworten, sondern um Aktualisierung und Förderung von erdkundlichem Interesse.

Rechenspiele

Kopfrechnen spielte in der Schulzeit der Senioren eine wichtige Rolle. Doch in jedem Lebensabschnitt ist es sinnvoll, Kopfrechnen als Gedächtnistraining einzusetzen. Es ist deutlich erkennbar, wie anfangs die Beschäftigung mit Zahlen schwerfällt, doch mit etwas Übung ist auch hier eine ständige Steigerung möglich.

Mit Kopfrechnen können wir unser Gedächtnis, auch ohne große Vorbereitung, spontan trainieren.

Wer hat zuerst 30?

Die TN sitzen im Kreis.
Der Reihe nach darf jeder mit dem großen Würfel würfeln und merkt sich dabei seine Zahl. Während der zweiten Runde wird die gewürfelte Zahl zur ersten Zahl dazu gezählt, etc. Wer zuerst bei mindestens 30 angekommen ist, hat gewonnen. TN, die nicht in der Lage sind, sich ihre Zahlen zu merken, werden von der GL unterstützt.
Variante: Jeder TN darf drei, vier oder fünf Mal würfeln. Diese zusammengezählte Zahl merkt sich der Spieler. Wer hat die größte Zahl?

Wer ist der Reichste?

Jeder TN darf drei Mal würfeln – entweder in drei Durchgängen oder direkt hintereinander. Der Spieler stellt aus diesen drei Wurfziffern eine dreistellige Zahl zusammen, und zwar so, dass der Wert möglichst groß ist.

Die gewürfelte Zahl ist gleich der Stückzahl der imaginären Goldmünzen, wodurch nun der Reichste ermittelt wird.

Rechnen mit dem großen Würfel

Die beiden sich gegenüberliegenden Zahlen auf dem Würfel ergeben immer 7.

Die TN würfeln der Reihe nach und nennen aber nur die gegenüberliegende Zahl der gewürfelten Augen.

Hoppla-Tekla

In der Runde wird bis 100 gezählt und gleichzeitig bei jeder Zahl ein Ball o. Ä. weitergegeben. Eine vorher abgesprochene Zahl, zum Beispiel 4 und alle die mit 4 teilbaren oder mit 4 zusammengesetzten Zahlen müssen dabei ausgelassen werden.

Beim Auslassen dieser Zahl spricht der TN „Hoppla-Tekla".

Kopfrechnen

Mit dem großen Würfel wird reihum gewürfelt, wobei jeder TN seine Zahl laut dazu zählt, bis die 100 erreicht oder überschritten ist. Dann geht es in gleicher Weise rückwärts weiter: Jeder TN zieht seine gewürfelte Zahl ab.

Teekesselchen

Ein Teekesselchen ist ein Wort mit mehreren Bedeutungen.

Die GL umschreibt die verschiedenen Bedeutungen des gesuchten Wortes. Wer findet die Lösung?

Die Fragestellung kann auch umgekehrt sein: Ein Wort wird genannt, worauf unterschiedliche Auslegungen gesucht werden.

Auch hier geht es nicht um Wissen – alle haben zur Beantwortung ähnliche Chancen.

Vielleicht fallen den TN noch zusätzliche Begriffe ein.

Läufer	Teppich, Sportler
Schloss	zum Abschließen, Wohnhaus des Königs
Anlage	zum Beispiel auf der Bank, Park

Gedächtnistraining und Spiele

Ball	Spielball, Tanzveranstaltung
Mark	Währung, Knochenmark
Samen	nordisches Volk, Pflanzensamen
Toast	Trinkspruch, geröstetes Weissbrot
Uhu	Klebstoff, Eule
Strauß	Tier, Blumenstrauß, Walzerkönig
Diele	Hauseingang, Fußbodenbrett
Erde	unser Planet, Gartenerde
Fahne	Fahne für einen Verein oder eine Nation, Atem nach Alkoholkonsum
Hamburger	zum Essen, Bewohner Hamburgs
Kater	nach Alkoholgenuss, Muskelkater, Tier
Iris	Teil des Auges, Blume, Name
Feder	Schreibfeder, Sprungfeder, Vogelfeder
Föhn	Haartrockner, Fallwind
Hacke	Gartengerät, Ferse
Kerze	Zündkerze, Kerze aus Wachs, Turnübung
Laute	Musikinstrument, Teile der Sprache
Korn	Getreide, Schnaps
Mandel	Körperteil, Nuss
Mutter	Schraubenteil, Mama
Pfeife	Trillerpfeife, zum Rauchen, Schimpfwort
Note	Schulnote, Geldnote, Musiknote
Acht	Zahl, achtgeben
Apfel	Pferdeapfel, Augapfel, Adamsapfel, Obst
Rute	Schwanz des Hundes, dünner Zweig
Preis	Kaufpreis, Gewinn
Zylinder	Kopfbedeckung, Teil des Motors, geometrische Form
Veilchen	Blume, blaues Auge
Weide	Baumart, Tierweide
Birne	Obst, Glühbirne
Bremse	Teil eines Fahrzeuges, Insekt
Steuer	Lenkrad, Abgabe
Umschlag	medizinischer Umschlag, Briefumschlag
Tau	feuchter Niederschlag, Seil
Spritze	Wasserspritze, Arztspritze
Scholle	Fisch, Eisteil
Einlage	feste Zutat in einer Suppe, Vorführung, orthopädische Schuheinlage

Spiele in der Runde

Dichtung	zum Abdichten, Gedicht verfassen
Hetze	Eile, jemanden aufhetzen
Flasche	Gefäß, Schimpfwort
Hahn	Tier, Wasserhahn
Geschirr	zum Essen, Pferdegeschirr
Krone	Zahnkrone, Währung, Baumkrone, Königskrone
Laster	LKW, schlechte Angewohnheit
Pfanne	Dachziegel, zum Braten, Gelenkteil
Nadel	Nähnadel, Nadel vom Nadelbaum
Melone	Frucht, Kopfbedeckung
Arm	Körperteil, Gegenteil von reich
Puppe	Spielzeug, Entwicklungsstufe des Schmetterlings
Raupe	Tier, Planierraupe
Wirtschaft	Gaststätte, Handel
Zucht	Züchtung, Zucht und Ordnung
Zelle	Körper-, Pflanzen-, Gefängnis-
Bart	Teil des Schlüssels, Bart im Gesicht
Bulle	männliches Rind, Polizist, Urkunde
Gericht	Mahlzeit, Behörde

Gemeinsamer Nenner

1. Teil

Genannt werden die Begriffe in der Klammer: Welches Wort kann jedem dieser Wörter vorangestellt werden, um neue sinnvolle zusammengesetzte Hauptwörter entstehen zu lassen?

Baum (Bestand, Blüte, Schule, Stamm)
Käse (Blatt, Glocke, Kuchen, Messer)
Glas (Scherben, Bläser, Haus, Hütte, Keramik, Wolle)
Telefon (Zelle, Nummer, Zentrale, Verbindung)
Buch (Druck, Fink, Halter, Seite)
Haus (Apotheke, Arbeit, Arzt, Aufgabe)
Sonnen (Uhr, Schein, Seite, Stich).
Meer (Jungfrau, Rettich, Salz, Schweinchen)
Mutter (Witz, Korn, Mal, Boden)
Rosen (Kranz, Kohl, Montag, Blatt)

Gedächtnistraining und Spiele

2. Teil

Genannt werden die Begriffe in der Klammer: Welches Wort kann jedem dieser Wörter angehängt werden, um neue sinnvolle zusammengesetzte Hauptwörter entstehen zu lassen?

Frau (Haus, Ehe, Geschäfts, Markt)
Suppe (Gemüse, Erbsen, Kartoffel, Hochzeits)
Flug (Rund, Segel, Höhen, Sturz)
Feuer (Höhen, Sonnwend, Lager, Holz)
Glas (Fenster, Trink, Brillen, Bruch)
Musik (Blas, Trauer, Hochzeits, Marsch)
Wolken (Haufen, Gewitter, Schäfchen, Schleier)
Eis (Vanille, Pack, Sahne, Frucht)
Tasche (Korb, Leder, Sattel, Gürtel)
Schule (Baum, Grund, Hoch, Fahr)

Vielleicht werden neue Möglichkeiten gefunden?

Oberbegriffe

Zu welchem Oberbegriff passen diese Wörter?

Taschentuch – Geld – Lippenstift – Schlüssel – Kaugummi = **Handtasche**
Erzieherin – Kinder – Bilderbuch – Malstifte – spielen = **Kindergarten**
Ofen – Topf – Schneebesen – Staubsauger – Tischdecke = **Haushalt**
Glocke – Bänke – Kerzen – singen – Uhr = **Kirche**
Sitz – Räder – Benzin – Dach – Landkarte = **Auto**
Sonnenbrille – Badehose – Sonnenmilch – Geld – Koffer = **Sommerurlaub**
Wein – gutes Essen – Gäste – Ansprache – Musik = **Fest**
Schere – Faden – Stoff – anprobieren – Fingerhut = **Schneiderei**
Verband – Bett – Fieberthermometer – Anmeldung – Visite = **Krankenhaus**
Asseln – feucht – kühl – Kartoffel – Wein = **Keller**
Stroh – Tiere – Futter – Bauer – Gabel = **Stall**
Reifen – Lenker – Klingel – Sitz – Licht = **Fahrrad**
Feld – Ball – Linien – Tor – Spieler = **Fußballfeld**

Sie können noch ein Kuckucksei (ein Wort, das nicht in die Reihe passt) einfügen, mit der Frage, was nicht in diese Reihe passt, evtl. mit Begründung.

Spiele in der Runde

Umgekehrte Spielvariante:

Nennen Sie möglichst viel Begriffe, die Ihnen zu folgenden Wörtern einfallen:

Haus
Bibliothek
Ein Jahr
Hafen
Rathaus
Freibad
Grillplatz
Friseur
Gaststätte
Bäcker
Metzgerei
Landwirtschaft
Park
Wald
Wiese
Baum
Blume
Mensch usw.

Schreiben Sie die genannten Begriffe auf, Sie haben später die Möglichkeit, die Frage wieder umgekehrt zu stellen:

Beispiel: Was steckt hinter folgenden Begriffen? Schminke, Lachen, Musik, Verkleidung?
Fasching – Karneval.

Lexikon-Ratespiele

Wir haben die Möglichkeit, verschiedene Arten von Lexika zu verwenden.

Je nach Interesse oder aktuellen Themen wird ausgewählt.

Aus dem Lexikon wird die Erklärung eines bekannten Begriffes deutlich und langsam vorgelesen. Welches Wort steckt hinter dieser Beschreibung?

Gedächtnistraining und Spiele

Oder die TN nennen eine Seitenzahl, aus dieser das zu erratende Wort vorgelesen werden soll.

Aus dem Tierlexikon: Um welches Tier handelt es sich?

Aus dem Kochbuch: Um welches Gericht handelt es sich? Dabei können entweder die Zutaten vorgelesen werden oder die Zubereitung oder beides.

Aus dem Atlas: Um welches Land/welche Stadt/welchen Fluss/welches Meer usw. handelt es sich?

Aus dem Pflanzenlexikon: Welche Pflanze ist gesucht?

Die Fragen können auch umgekehrt gestellt werden. Der im Lexikon aufgeschlagene Begriff wird genannt, und die TN dürfen diesen in der Weise beschreiben, wie er im Lexikon stehen könnte. Die GL wird evtl. helfen und ergänzen.

Kim-Spiele

Kimspiele schulen die Merkfähigkeit. Es müssen keine Spielregeln gelernt werden und Alt und Jung können sich gleichermaßen damit beschäftigen. Mit wenig Aufwand werden vor allem die Beobachtungsgabe und Merkfähigkeit gefordert.

Kunterbuntes Allerlei

In einem Korb befinden sich alle möglichen Gegenstände, von der Zitronenpresse bis zum Haarwickel. Die Gegenstände werden einzeln aus dem Korb genommen und laut und deutlich benannt. Genauso wird der Korb wieder gefüllt und mit einem Tuch bedeckt. Um die Spannung vor dem Weiterspielen etwas zu steigern, wird ein fröhliches Lied gesungen.

Wer weiß noch, was unter dem Tuch liegt?

Bei den evtl. letzten, schwierig zu erratenden Teilen wird die GL durch hilfreiche Gestik und Bemerkungen helfen, oder das Tuch wird, nachdem keinem TN mehr etwas einfällt, einfach hochgehoben.

Ziel: Wer das letzte Teil errät, ist Sieger.

Spiele in der Runde

Die Körbe können auch nach Themen zusammengestellt werden, zum Beispiel Badezimmerutensilien, Dinge aus dem Werkraum, Inhalt eines Erste-Hilfe-Koffers, Büromaterial, ein Einkaufskorb mit Lebensmitteln, ein Handwerkerkoffer mit Werkzeug, ein Schulranzen etc.

Welcher Gegenstand fehlt?

Auf einem Tablett liegen die verschiedensten Gegenstände, die alle aufgezählt werden. Die GL verlässt mit dem Tablett den Raum und nimmt einen oder mehrere Teile weg.

Die TN erraten, welche Gegenstände fehlen.

Welche Karte fehlt?

Die GL nimmt ungefähr zehn Karten (gängige Spielkarten, Memory oder sonst beliebige Karten) und legt diese auf die Tischmitte. Die TN versuchen, sich diese einzuprägen und schließen die Augen. Der GL wird nun eine Karte umdrehen.

Die TN öffnen ihre Augen. Welche Karte ist die Umgedrehte?

Variante: Während die TN die Augen geschlossen halten, werden die Karten auch noch vermischt.

Die Zahl der Karten richtet sich nach der Fitness der Spielenden.

Zimmerkim

Ein oder mehrere TN verlassen den Raum. Nun werden Veränderungen im Zimmer vorgenommen, zum Beispiel werden Bilder umgehängt, Stühle oder Sessel verstellt, ein Vorhang verändert, eine Tischdecke weggenommen, aufgelegt oder ausgewechselt, eine Blumenvase oder sonstige Gegenstände auf den Tisch gestellt oder entfernt. Die Hereingerufenen dürfen jetzt herausfinden, was sich alles im Zimmer verändert hat. Wenn nötig, wird selbstverständlich geholfen, zum Beispiel durch Zurufe wie warm-heiß-kalt-eiskalt.

Bildbeschreibung

Die TN bekommen ein größeres Bild, evtl. Kalenderblatt, oder auch die Vergrößerung eines Privatfotos zu sehen. Je nach Schwierigkeitsgrad wird das Bild länger oder kürzer gezeigt.

Nachdem das Bild verborgen wurde, beschreiben die TN, was sie darauf gesehen haben. Wenn alle Informationen zusammengetragen sind, wird das Bild wieder gezeigt, wobei es sehr überraschend ist festzustellen, wie wir Bilder aufnehmen und in unserer Erinnerung behalten.

Was hängt wo?

Es werden gut erkennbare Bilder an einer Wand angebracht, zum Beispiel mit Tesa geklebt oder gepinnt.

Die Bilder werden betrachtet und benannt.

Die TN versuchen, sich die Stellen mit den dazugehörigen Motiven einzuprägen.

Die GL fordert die TN auf, die Augen zu schließen. Währenddessen dreht sie ein Bild um.

Welches Bild ist verdeckt?

Ist es erraten, geht es so weiter, bis alle Bilder umgedreht sind.

Jetzt wird umgekehrt fortgefahren: Wer weiß noch, an welcher Stelle sich welches Bild befindet? Das klingt schwer, aber gemeinsam werden die TN nach und nach die Richtigen aufdecken.

Diese Übung weckt das Interesse der TN besonders. Es wird außerordentlich gerne gespielt und alle TN sind konzentriert von Anfang bis Ende dabei.

Variante: Die TN schließen die Augen. Währenddessen hängt die GL ein Bild um.

Wer weiß, welches Bild woanders hängt? An welcher Stelle war es zuvor?

Am laufenden Band

Als Einleitung zu diesem Spiel kann an die gleichnamige frühere Fernsehsendung erinnert werden.

Die GL liest eine Liste von ca. 20 Dingen aus einem imaginären Katalog vor, deutlich und mit einer Pause nach jedem Gegenstand, oder sie lässt sich die Waren von den TN nennen und notiert diese.

Die TN haben Zeit, sich jedes Teil bildhaft vorzustellen.

Nach einer kurzen Gesprächs- oder Singpause versuchen die TN alles zu nennen, was ihnen davon noch einfällt. Bei den letzten Artikeln wird die GL etwas nachhelfen müssen.

Wer den letzten Gegenstand errät, hat gewonnen.

Duftkim

Für dieses Spiel ist etwas Vorbereitung nötig.

Gewürze und Kräuter, wie zum Beispiel Zimt, Nelken, Knoblauch, Maggikraut, werden locker in Watte gelegt oder das Kraut so klein gehackt, dass es nicht mehr zu erkennen ist und in kleine Gefäße gegeben. Düfte, die bekannt, aber nicht als frische Pflanze zur Verfügung stehen, können in getrockneter Form verwendet werden oder als Duftöl, auf einen Wattebausch geträufelt, in ein Glas gegeben werden. Jeder Tisch bekommt die gleichen Behälter.

Reihum werden die Düfte gereicht, um die Kräuter/Gewürze zu schnuppern. Dazu können Gespräche anknüpfen über Erinnerungen, die bestimmte Gerüche mit sich bringen.

Weiterführung: Gleich einem Memory sind von jedem Duft zwei identische Gläschen/Döschen vorhanden, die durcheinander auf dem Tisch stehen. Durch Geruchsvergleiche sollen jeweils die zusammengehörenden gleichen Düfte gefunden werden.

Sieger ist, wer die meisten Geruchspaare gefunden hat.

Polizeibericht

Ein sachlicher Bericht (z.B. Unfall- oder sonstiger Bericht aus der Zeitung oder selbst verfasst) wird deutlich vorgelesen. Nach einer kurzweiligen Pause versuchen die TN gemeinsam, den Bericht aus dem Gedächtnis nachzuerzählen.

Wenn den TN nichts mehr einfällt, den Text noch einmal vorlesen. Was wurde beim Nacherzählen vergessen?

Spiele mit Buchstaben und Wörtern

A B C

Diese Denkaufgabe passt zu allen Themenbereichen und kann in jede Stunde eingebaut werden.

Es erfordert kein spezielles Wissen und kann sofort und überall von allen mitgespielt werden. Die Fragestellungen sind umfangreich, sodass dieses Denkspiel nie langweilig wird.

Der erste Buchstabe der gesuchten Worte folgt der Reihe nach dem ABC. Dabei wird bei der Durchführung keine Reihenfolge eingehalten. Wer etwas weiß, sagt dies und schon geht's mit dem nächsten Buchstaben weiter.

Beispiel: Behälter (Abfallkorb, Büchse, Container, Dose, usw.)

Eine Auswahl der Themen für's ABC

Blumen; Vögel; heimische Tiere; Tiere im Zoo; Kräuter; Prominente; Brotbelag; heimisches Gemüse; Obst; Backzutaten; Vornamen; Nachnamen; Sportarten; Maler oder Bildhauer; Gerichte; Einrichtungsgegenstände; Farben und Farbtöne; Sitzmöglichkeiten; Haushaltsgegenstände; Wohnzimmerausstattung (auch Deko); Küchenausstattung; Badezimmerausstattung; Elektrogeräte; Dinge, die im Keller sind; alles, was leichter als eine Tafel Schokolade ist; Salatzutaten; Zutaten für einen Eintopf; Gegenstände aus Stein; alles, was älter als 100 Jahre ist; heiße Getränke; Dinge aus Pappe, Papier, Metall, Holz, Glas, Plastik usw.; Süßigkeiten; Möbelstücke; Dinge, die in eine Streichholzschachtel passen; Nahrungsmittel in der Konserve; Tiere, die kleiner sind als ein Pferd; Insekten; Dinge, die gesammelt werden; Tiere, die im Zoo leben; Märchen/Märchenfiguren; alkoholische Getränke; was man alles auf dem Bauernhof sieht; Biblische Gestalten; was im Schreibwarenladen/Metzgerei usw. gekauft werden kann; was sich alles im Kühlschrank befinden kann; Musikinstrumente; alles, was rot, gelb, grün, etc. sein kann; alles, was nicht mehr als 50 Cent kostet; alles, was mindestens 100 Euro kostet, was sich in der Speisekammer, in der Küche, im Bad befinden kann; spezielle Gegenstände für bestimmte Berufsgruppen (Bauer, Handwerker ...); was ich alles in der Stadt sehen kann; Nachspeisen; was sich alles in einer Handtasche befinden kann; alles, was regelmäßig bezahlt werden muss; Geburtstagsgeschenke, Taufgeschenke und noch vieles, vieles mehr.

Der GL kann mit neu entdeckten Themen die Liste stets erweitern.

Kein, ohne-Sätze

Kein Herd ohne Feuer – kein Seemann ohne Heuer.

Kein Himmel ohne Stern – keine Stadt ohne Lärm.

Kein Heu ohne Staub – kein Baum ohne Laub.

In diesem Sinne kann frisch drauf los gedichtet werden.

Ein TN denkt sich den ersten Teil aus, worauf ein anderer TN den Rest dazu dichtet. Das kann der Reihe nach geschehen oder einfach kreuz und quer.

Nicht immer eignet sich ein angefangener Satz zum Weiterdichten – dann wird einfach wieder mit einem Neuen begonnen.

Sätze bilden

Es werden drei bis vier beliebige Wörter von der GL oder den TN vorgegeben, woraus ein einigermaßen sinnvoller Satz gebildet werden soll. Das ist nicht unbedingt leicht, aber auf jeden Fall lustig.

Als Wettkampf können zwei Tische/Parteien gegeneinander antreten. Die eine Gruppe gibt die Wörter vor, die andere Gruppe bildet den Satz und dann umgekehrt.

Auf diese Weise können mit den vorgegebenen Wörtern auch Mehrzeiler gereimt werden, dabei können recht lustige Verse entstehen, weshalb sich solche Dichtungen auch im Rahmen einer Feier, vielleicht sogar gemeinsam mit den Mitarbeitern, anbieten.

Veränderte Vornamen

Ein Vorname wird genannt, wobei der gesuchte neue Name mit dem letzten Buchstaben des Vorhergehenden beginnen muss. Es sollen möglichst wenig gleiche Namen benutzt werden.

Wortakrobatik

Ein Wort wird vorgegeben. Schrittweise wird dieses völlig verwandelt, indem nur jeweils ein Buchstabe verändert, weg gelassen oder dazu genommen wird. Die dabei entstehenden Wörter müssen dennoch sinnvoll sein.

Beispiel: Adel – Nadel – Nabel – Fabel – Kabel – Kübel – Übel etc.

Evtl. die große Tafel einsetzen!

Wortbildung

Ein Wort mit vier Buchstaben wird vorgegeben. Ein Buchstabe wird so verändert, dass ein neues sinnvolles Wort entsteht, usw.

Gedächtnistraining und Spiele

Beispiel: Baum, Saum, Raum, raus, saus, ...
Welt, Zelt, Zeit, ...

Wortpaare merken

Die GL nennt ca. sechs Wortpaare, die jeweils ein Zusammenhang verbindet.

Beispiele:
Vogel – Ast
Marienkäfer – Läuse
Sonnenstrahlen – Fenster putzen
Hacke – Unkraut
Wandern – Rucksack
Lehrer – Tafel

Diese Paare werden deutlich vorgelesen, danach eine kurze Geschichte erzählt, ein Lied gesungen o.ä., dann werden die TN aufgefordert, die Wortpaare zu wiederholen.

Anfangs kann dies etwas schwer fallen, doch nach mehrmaligem Wiederholen, im Wechsel mit anderen Aktivitäten, wird es immer besser klappen. Auch in der nächsten Zusammenkunft können die TN versuchen, sich an die Wortpaare zu erinnern.

Wörter legen im Eilverfahren

Zur Vorbereitung werden von der GL geeignete Worte und Buchstaben ausgewählt.

An jedem Tisch haben eine gleiche Anzahl von Spielern dieselben Buchstaben und davon jeder Spieler einen. Nachdem ein Wort genannt wird, das aus diesen Buchstaben gebildet werden kann, legt jeder TN seinen Buchstaben an die entsprechende Stelle des Wortes.

Bei welcher Gruppe ist das Wort als Erstes korrekt auf dem Tisch?

Zahl statt Material

Die GL erklärt den TN deutlich, welches Material für welche Nummer steht:

Bei **Plastik** merken wir uns **1**
Bei **Holz** merken wir uns **2**
Bei **Glas** merken wir uns **3**

Spiele in der Runde

Ein Gegenstand nach dem anderen wird vorgelesen, worauf die TN mit der entsprechenden Zahl antworten. Die GL achtet darauf, dass sie beim Wiederholen der Antworten auch immer wieder Material und Zahl zusammen nennt, damit vergesslichere TN nicht den Faden verlieren. Später wiederholt sie seltener.

Flasche **3**	Schrank **2**	Eimer **1**	Gummistiefel **1**
Gitarre **2**	Bierkrug **3**	Cremedose **1**	Fensterscheibe **3**
Brille **1,3**	Stuhl **2**	Zahnbürste **1**	Bilderrahmen **1, 2, 3**
Römer **3**	Vase **3**	Parkettboden **2**	Zahnputzbecher **1**
Schale **1, 2, 3**	Geige **2**	Besenstiel **2**	Seifendose **1**
Tisch **2**	Kugelschreiber **1**	Baumstamm **2**	Einkaufstüte **1**
Balken **2**	Zaun **2**	Saftkrug **3**	Sparkassenkarte **1**
Küchenbrett **2**	Weihnachts-	Parfüm-	Puderdose **1**
Kuckucksuhr **2**	kugel **1,3**	fläschchen **3**	Weihnachtskugel **1, 3**
Rührschüssel **1**	Gehstock **2**	Spiegel **3**	Vogelhäuschen **2**
Truhe **2**	Flasche **3**	Gefrierbeutel **1**	Schallplatte **1**

Diese Liste kann ständig erweitert werden. Neue Aufzählungen mit anderen Materialien können erstellt werden.

Bei Materialien aus **Stein** merken wir uns **1**
Bei **Essbarem** merken wir uns **2**
Bei **Trinkbarem** merken wir uns **3**

Kakao **3**	Grabstein **1**	Schnitzel **2**
Felsen **1**	Brot **2**	Limonade **3**
Nudeln **2**	Kaffee **3**	Wein **3**
Pizza **2**	Granit **1**	Bratkartoffeln **2**
Milch **3**	Fliese **1**	Tee **3**
Maultaschen **2**	Obstler **3**	Brunnen **1**
Hähnchen **2**	Diamant **1**	Saft **3**
Apfelkuchen **2**	Bernstein **1**	Linsen **2**
Glühwein **3**	Pilzragout **2**	Semmelknödel **2**
Maibowle **3**	Holundersaft **3**	Waschbecken **1**

Noch weitere Vorschläge:
Bei **Metall** merken wir uns **1**
Bei **Textilien** merken wir uns **2**
bei **Papier** merken wir uns **3**

Gedächtnistraining und Spiele

Notizblock **3**	Zeugnis **3**	Mantel **2**
Badeanzug **2**	Spardose **1**	Fahrradklingel **1**
Serviette **2** und **3**	Zeitung **3**	Karton **3**
Socken **2**	Fahrrad **1**	Rock **2**
Bluse **2**	Nagel **1**	Heft **3**
Schraube **1**	Anzug **2**	Taschentuch **2**, **3**
Sonnenschirm **1**, **2**	Krawatte **2**	Urkunde **3**
Rechnung **3**	Buch **3**	Kochtopf **1**
Blechtrommel **1**	Tempo **3**	Tischdecke **2**
Toilettenpapier **3**	Kopftuch **2**	Schere **1**
Strumpfhose **2**	Heft **3**	Wasserhahn **1**
Polster **2**	Tablett **1**	Briefumschlag **3**
Besteck **1**	Handschuhe **2**	Strafzettel **3**
Vorhang **2**	Eierschachtel **3**	Eintrittskarte **3**
Ritterrüstung **1**	Bettbezug **2**	Nadel **1**

Bei Geschöpfen,

die auf dem **Land** leben, merken wir uns **1**
die **fliegen** können, merken wir uns **2**
die im **Wasser** leben, merken wir uns **3**
und für **Wesen, die es nicht gibt,** merken wir uns **4**

Star **2**	Affe **1**	Bücherwurm **4**
Frosch **1**, **3**	Kuh **1**	Delphin **3**
Brillenschlange **4**	Goldfisch **3**	Elster **2**
Wildschwein **1**	Habicht **2**	Eichhörnchen **1**
Spitzmaus **1**	Forelle **3**	Muschel **3**
Adler **2**	Schmetterling **2**	Schnecke **1**
Schmierfink **4**	Schnake **2**	Pinguin **1**, **3**
Maulwurf **1**	Qualle **3**	Bernhardiner **1**
Kohlmeise **2**	Karpfen **3**	Hering **3**
Wal **3**	Salonlöwe **4**	Kamel **1**
Kuckuck **2**	Papagei **2**	Katze **1**
Giraffe **1**	Aal **3**	Meerjungfrau **4**
Schaf **1**	Engel **4**	Hecht **3**
Hirsch **1**	Regenwurm **1**	Schildkröte **1**
Seestern **3**	Heilbutt **3**	Dreckfink **4**
Igel **1**	Tintenfisch **3**	Storch **2**
Einhorn **4**	Leseratte **4**	Biene **2**

Spiele in der Runde

Wortkreationen

Jede Gruppe hat die gleichen Buchstaben eines Wortes vor sich liegen. Wer kann die meisten neuen Wörter daraus bilden?

Beispiel: Aus den Buchstaben von GRAUMEHL lassen sich folgende Bedeutungen legen: LAGER, UHR, LEHM, HEU, RAHM, HALM, RUHM, usw.

Dabei ist es egal, wie viele Buchstaben des Ausgangswortes verwendet werden. Am besten ist es, die Wörter mitzuschreiben.

Wer hat die meisten Wörter?

Variante: Für jedes gelegte Wort müssen alle Buchstaben aufgebraucht werden. Natürlich müssen hierfür Buchstaben zur Verfügung stehen, aus denen sich tatsächlich verschiedene Wörter bilden lassen.

Menü

Ein TN spricht leise für sich und die anderen nicht hörbar das ABC, bis ein TN „Stopp" sagt. Der Buchstabe, bei dem er stehen geblieben ist, wird der Anfangsbuchstabe jeder Speise eines Menüs, das die Gruppe zusammenstellt.

Menüvorschläge:

Buchstabe M: Vorspeise – Moselwein; Hauptspeise – Maultaschen; Nachspeise – Mirabellenkompott.

Buchstabe K: Vorspeise – Kaviar; Hauptspeise – Kassler mit Kraut; Nachspeise – Kirscheis.

Weiter geht's mit dem nächsten Buchstaben.

Märchen erkennen

Begriffe, die zu einem bestimmten Märchen gehören, werden genannt. Anfangs ist nur das erste Wort in der Reihe zu nennen. Nach jedem weiteren Begriff soll Zeit zum Nachdenken gelassen werden.

Mit jedem neuen Erkennungsmerkmal wird es leichter – deswegen nicht zu schnell alles vorlesen.

Jäger – Korb – Wald – Mädchen – Großmutter: **Rotkäppchen**

Geißlein – Wanduhr – Jäger – Wolf – das jüngste Geißlein:
Der Wolf und die sieben Geißlein

Brunnen – Federbetten – Ofen – Pechmarie – Goldmarie: **Frau Holle**

Müllerstochter – König – Stroh – Gold – Erstgeborenes:
Rumpelstilzchen

Gedächtnistraining und Spiele

Bruder und Schwester – Wald – Brotkrumen – Häuschen – alte Frau:
Hänsel und Gretel
Stiefmutter – hinter den Bergen – Zwerge – 7 Tellerchen – vergifteter Apfel: **Schneewittchen**
Fee – Spindel – 100 Jahre Schlaf – Dornenhecke – Prinz: **Dornröschen**
Stiefmutter – Stiefschwester – 3 Wünsche – Prinz – verlorener Schuh: **Aschenputtel**

Bestimmt fallen den TN noch mehr Märchen mit Erkennungsmerkmalen ein, die die GL aufschreibt und so die Liste erweitert.

Doppelbuchstaben

Es werden Wörter gesucht, die in der Mitte einen Doppelbuchstaben haben.

Beispiele: Hammer, Sippe, Lippe, Mitte, Summe, etc.

Wortendungen

Welche Wörter enden mit:
-bar: essbar, machbar, wunderbar ...
-ig: zornig, massig, klebrig ...
-keit: Unendlichkeit, Leichtigkeit, Sorglosigkeit ...
-gen: sagen, regen, legen ...

Nach Belieben kann das Spiel mit anderen Endungen fortgeführt werden.

Sätze mit gleichen Anfangsbuchstaben

Ein Buchstabe, der häufig vorkommt (z.B. A, B, D und E) wird vorgegeben. Reihum wird ein Satz gebildet, dessen Wörter mit nur diesem Buchstaben beginnen. Jeder TN fügt ein Wort passend dazu, bis ein Satz entstanden ist.

Meist entstehen dabei recht witzige Sätze, die es wert sind, aufgeschrieben zu werden und als Zungenbrecher eingesetzt werden können.

Stadt/Land-Speisen

Wer kennt Gerichte, die nach einer Stadt/einem Land genannt sind?

Beispiele: Wiener Schnitzel, Ungarisches Gulasch, Salzburger Nockerl, Bamberger Hörnchen, Leipziger Allerlei, Karlsbader Obladen, Nürnberger Lebkuchen, Aachener Printen.

Spiele in der Runde

Verkehrte Wörter

Für diese Aufgabe ist viel Konzentration notwendig und die GL muss die Begriffe sehr deutlich aussprechen.

Ein Wort eines bestimmten Themas wird rückwärts gesprochen. Welches Wort steckt dahinter? Je nach Länge des Wortes kann die Schwierigkeitsstufe gesteigert oder vereinfacht werden.

Die gesuchten Wörter immer einem Thema unterstellen, zum Beispiel Tiere, Städte, Blumen usw.

Natürlich kann die GL auswendig Worte verkehrt vortragen – beim Ablesen hat sie allerdings eine größere Sicherheit, das Wort deutlich und richtig auszusprechen, was unbedingt ausschlaggebend für das Gelingen ist.

Verkehrte Namen und Tiere

Ausführung wie oben.

Es ist schon lustig, Namen von hinten gesprochen zu hören – kaum zu glauben, dass der Name gar nicht mehr dem Original gleicht, außer natürlich Otto – oder gibt es noch mehr von dieser Art?

Vornamen oder Tiere werden rückwärts deutlich vorgelesen. Wer erkennt den Namen/das Tier?

Otto	Hund
Maria	Maus
Ilse	Igel
Markus	Kamel
Anna	Löwe
Isidor	Tiger
Rudolf	Iltis
Paula	Marder
Helene	Adler
Gudrun	Sperling
Kurt	Amsel
Uwe	Drossel
Iris	Kuh
Margot	Star
Hans	Katze

Gedächtnistraining und Spiele

Variante: Von den Namen werden jeweils nur der Anfangs- und der letzte Buchstabe genannt. Welcher Vorname beziehungsweise welches Tier entsteht daraus?

Genauso kann dieses Spiel mit Ländern, Städten, Flüssen und vielem mehr durchgeführt werden.

Wortverwandlung

In welches andere Wort lassen sich folgende Worte verwandeln:

HERD	(DREH)
BAST	(STAB)
LEIM	(EMIL)
MADE	(DAME)
HALM	(LAHM)
HEER	(REHE)
EKEL	(KLEE)
ARZT	(ZART)
ERLE	(LEER)
RIESE	(REISE)
NEBEL	(LEBEN)
SCHAR	(RASCH)
BART	(TRAB)
SCHAL	(LASCH)

Galgenmännchen

Die TN sitzen vor einer von allen gut einsehbaren Tafel. Die GL oder ein TN denken sich ein längeres Wort aus, dessen Anfangs- und Endbuchstabe sie/er unter dem sich bildenden Galgen niederschreibt.

Zwischen diesen beiden Buchstaben werden alle noch fehlenden Buchstaben durch waagrechte Striche gekennzeichnet. Darüber werden aus zwei Strichen ein Galgen und aus einem Strich ein Strick, der vom oberen Balken herunterhängt, gezeichnet. Nun dürfen die TN der Reihe nach einen beliebigen Buchstaben nennen. Kommt dieser Buchstabe im gesuchten Wort vor, wird er an die entsprechende Stelle gesetzt. Ist dieser Buchstabe im gesuchten Wort nicht vorhanden, wird ein Teil (Bogen, Strich oder Kreis) des Männchens gemalt. Ist das Männchen fertig, bevor das Wort vollständig ist, hat der Zeichner gewonnen und umgekehrt.

Spiele in der Runde

Welches Tier steckt dahinter?

Mit den Buchstaben eines Tieres wird ein unbekanntes neues Wort auf die Tafel geschrieben.

Welches Tier steckt dahinter?

Beispiele: Duhn – Hund, Faleten – Elefant, Retig – Tiger, Teen – Ente, Sang – Gans, Balk – Kalb, Tezka – Katze, Schorf – Frosch, Fefa – Affe, Zaber – Zebra, Glei – Igel, Lachgens – Schlange.

Die GL kann die Reihe weiterführen.

Römische Zahlen

Jedem sind die römischen Zahlen bekannt. Wir begegnen ihnen im Alltag immer noch, weshalb es durchaus nützlich ist, das Wissen darüber aufzufrischen. Damit diese Zahlen wieder geläufig werden, schreibt die GL die römischen Ziffern mit den entsprechenden Zeichen an die Tafel:

V = 5, X = 10, L = 50, C = 100, D = 500, M = 1000.

Gemeinsam wird versucht, sich die Bedeutungen einzuprägen.

Das Erlernte wird abgewischt und stattdessen eine zusammengesetzte römische Zahl aufgeschrieben,

zum Beispiel: CCCXXXIII = 333
CDLV = 455
DCCLXXXIV = 784
MCCLI = 1.251

Gemeinsam finden die TN die Lösung, was nach mehrmaligem Üben immer leichter fallen wird.

Welche Zahlensysteme finden Sie einfacher und praktischer, unsere geläufigen Zahlen oder die römischen?

Logische Aussage

Bei den folgenden Aufgaben handelt es sich um kurze logische Aussagen, die nur durch Zahlen und einige Anfangsbuchstaben der gesuchten Wörter oder kurzen Wörtern angedeutet werden.

Die GL steht, wenn nötig, hilfreich zur Seite.

Gedächtnistraining und Spiele

Auf einer Tafel werden die Ziffern gut lesbar geschrieben.

Beispiel: 5 F an e H   **Lösung:** 5 Finger an einer Hand

Der M hat 32 Z. (Der Mensch hat 32 Zähne.)
21 P hat d W. (21 Punkte hat der Würfel.)
5 Z an j F. (5 Zehen an jedem Fuß.)
7 WW (7 Weltwunder)
12 SZ (12 Sternzeichen)
12 A (12 Apostel)
In 7 T sch G die W. (in 7 Tagen schuf Gott die Welt.)
7 T hat d W. (7 Tage hat die Woche.)
24 S haben T und N. (24 Stunden haben Tag und Nacht.)
1 DZ hat 100 KG. (1 Doppelzentner hat 100 Kilogramm.)
4 B hat ein GK. (4 Blätter hat ein Glücksklee.)
1.000 m s ein KM. (1.000 Meter sind ein Kilometer.)
2 O hat der M. (2 Ohren hat der Mensch.)
Am 31. D i S. (Am 31. Dezember ist Silvester.)
0 GC ist die T bei der W g. (0 Grad Celsius ist die Temperatur, bei der Wasser gefriert.)
4 JZ h ein J. (4 Jahreszeiten hat ein Jahr.)
A 24. D hat J G. (Am 24. Dezember hat Jesus Geburtstag.)
S 2001 g e den Euro. (Seit 2001 gibt es den Euro.)
6 S hat e W. (6 Seiten hat ein Würfel.)
U 24 U ist MN. (um 24 Uhr ist Mitternacht.)
11 S in einer FM. (11 Spieler in einer Fußballmannschaft.)
500 G hat ein Pf. (500 Gramm hat ein Pfund.)
Bei 100 G k d W. (Bei 100 Grad kocht das Wasser.)
26 B im A (26 Buchstaben im Alphabet)
29 T hat der F in e SJ. (29 Tage hat der Februar in einem Schaltjahr.)
64 F auf einem SB. (64 Felder auf einem Schachbrett.)
16 BL hat D (16 Bundesländer hat Deutschland.)
60 S s e M. (60 Sekunden sind eine Minute.)
3 W aus dem M. (3 Weise aus dem Morgenland.)
Alle W f n R. (Alle Wege führen nach Rom.)

Legeübungen

Da werden die Köpfe rauchen:
Die folgenden Aufgaben sind relativ schwer zu lösen. Das tut der Neugier auf die Lösung aber keinen Abbruch, denn es ist kaum zu glauben,

Spiele in der Runde

dass ein Ergebnis gefunden werden kann. Kommen die TN der Auflösung nicht näher, wird die GL helfend eingreifen, um diese gemeinsam zu erarbeiten. Das richtige Ergebnis löst oft Erstaunen aus, da die Auflösung leichter ist, als man denkt – doch die eingefahrenen Vorstellungen stehen meist im Weg.

Je nach Situation wird entweder tischweise mit Streichhölzern oder zum Beispiel halben Schaschlikstäben gespielt oder die TN sitzen im Kreis, wobei gut sichtbare Stäbe auf dem Boden verwendet werden.

Beispiel: Mit vier Hölzchen soll die Zahl 1.000 geschrieben werden. Lösung: M

Aufgabe 1:

Nimm fünf Hölzer weg, sodass drei gleichgroße Quadrate entstehen.

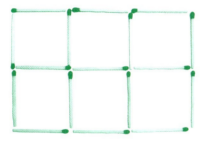

Lösung:

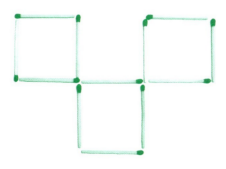

Aufgabe 2:

Lege zwei Hölzer um, sodass vier gleichseitige Dreiecke entstehen.

Lösung:

Aufgabe 3:

Die Lage von nur drei Hölzern darf verändert werden, sodass dabei drei gleich große Quadrate entstehen.

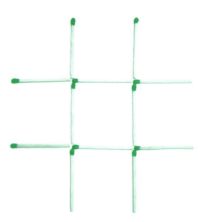

Spiele in der Runde

Lösung:

Aufgabe 4:

Aus vier Quadraten sollen drei gemacht werden, ohne die Zahl der Hölzer zu verändern.

Lösung:

Aufgabe 5:

Ein Dreieck, bestehend aus sieben Hölzern soll durch Umlegen in drei Dreiecke verwandelt werden.

Lösung:

Die gelösten Aufgaben beim nächsten Mal nochmals stellen!

Zungenbrecher

Das Nachsprechen eines Zungenbrechers kann die TN wieder aufmuntern, beleben und kann in jede Stunde eingebaut werden. Die GL spricht den Satz langsam und wiederholt ihn, bis alle mitsprechen können. Gemeinsam wird der Satz so oft wiederholt, wie es Spaß macht. Lustig wird es, dabei immer schneller und schneller zu werden.

Blaukraut bleibt Blaukraut und Brautkleid bleibt Brautkleid. Brautkleid bleibt Brautkleid und Blaukraut bleibt Blaukraut.

Ob er über Oberammergau oder aber über Unterammergau, oder ob er überhaupt noch kommt, ist ungewiss!

Zwischen zwei Zwetschgenzweigen zwitschern zwei Schwalben, zwei Schwalben zwitschern zwischen zwei Zwetschgenzweigen.

Ein plappernder Kaplan klebt Papp-Plakate – Papp-Plakate klebt ein plappernder Kaplan.

Hinter dichtem Fichtendickicht picken dicke Finken tüchtig.

Morgen muss mir meine Mutter Milchmus machen.

Bierbrauer brauen braunes Bier.

Kleine Kinder können keinen Kirschkern knacken.

Der Potsdamer Postkutscher putzt den Potsdamer Postkutschkasten.

Schnalle schnell die Schnallen an die Schuhe.

Besonders lustig (und schwierig) sind Zungenbrecher in Dialekt.

Hier eine Kostprobe auf schwäbisch:

„Schället se edd an sällere Schäll, sälle Schäll schällt edd. Schället se an sällere Schäll, sälle Schäll schällt."

Was heißt:

Klingeln sie nicht an dieser Klingel, diese Klingel klingelt nicht. Klingeln sie an dieser Klingel, diese Klingel klingelt.

Gespräche und Spiele in der Runde

Fragen über Fragen

Dieses fröhliche und interessante Spiel dient dem besseren Kennenlernen.

Die TN-Runde beantwortet reihum eine Frage, zum Beispiel:

„Was denken Sie, über welches Geschenk würde sich der von Ihnen links Sitzende freuen?"

Da wird schon ein bisschen Einfühlungsvermögen gefordert. Über so manches „passende" Geschenk kann geschmunzelt werden.

Hat jeder TN eine Antwort gegeben, wird gemeinsam versucht, nochmals alles der Reihe nach zu wiederholen. „Seine" Antwort darf der TN natürlich nicht preisgeben.

Es wird so oft wiederholt, wie es Spaß macht!

Gedächtnistraining und Spiele

Weitere mögliche Fragen:

- Was würden Sie zu einem Picknick mitnehmen?
- Über welche Überschrift in der Zeitung würden Sie sich freuen?
  Beispiel: „Die Pensionen werden in den nächsten Wochen um mindestens 100 Prozent steigen", oder „Da alle Kriege auf der Welt beendet wurden, wird am kommenden Sonntag auf der ganzen Welt gefeiert".
- Eine Fee erfüllt Ihnen einen Wunsch – was wünschen Sie sich?
- Wir befinden uns in einem Warenhaus. Was kaufen Sie ein (ein bis drei Gegenstände)?
- Sie sind zum Kaffeekränzchen eingeladen, haben aber absolut keine Lust, zu kommen. Welche witzige Ausrede, um nicht erscheinen zu müssen, fällt Ihnen ein? (Lügen sind ausnahmsweise erwünscht!)
- Sie haben einen Pauschalurlaub gewonnen, dürfen aber nur drei Dinge mitnehmen, welche?
- Sie haben einen Urlaub gewonnen und dürfen sich das Urlaubsziel aussuchen, welches?
- Sie sind zum Essen in ein schönes Restaurant geladen. Was bestellen Sie sich?
- Sie haben im Lotto den Hauptgewinn erzielt. Was machen Sie mit dem Supergewinn?
- Die TN würfeln ringsum mit dem großen Würfel. Welche Zahl wurde von jedem TN gewürfelt?
- Welche Maßnahmen treffe ich vor dem Winter?
  Beispiele: Handschuhe stricken, Schneeschaufel kaufen, Kartoffel einkellern, Holz und Öl bestellen, ein Vogelhaus aufstellen, Streusalz kaufen, Weihnachtsgrußkarten besorgen, usw.
- Sie dürfen sich einen anderen Vornamen geben, welchen?
- Jeder TN macht dem von ihm Rechtssitzenden ein Kompliment.

In gleicher Weise kann eine Geschichte entstehen, zum Beispiel „Eine schöne Wanderung".

Ein Wandertag liegt vor uns. Ein TN nach dem anderen trägt seinen Teil zu der Geschichte bei. Anfangs können der Rucksack gepackt und die Wanderkleidung angezogen werden. Dann geht's los über Wiesen und

Gespräche und Spiele in der Runde

Wälder; auf Wegen, die auch manchmal unwegsam sein können und an so manchen Hindernissen vorbeiführen. Wir erklimmen einen Berggipfel und kehren in einer Hütte ein. Es wird uns warm und wir ziehen die dicke Jacke aus oder es fängt an zu regnen und wir holen unseren Regenmantel aus unserem Rucksack. Auf unserem Weg werden wir so manches Tier beobachten und so manche Pflanze erkennen.

Die GL achtet darauf, dass sich bei den letzten TN die Wanderung dem Ende zuneigt und ein passender Abschluss die Erzählung abrundet.

Andere Themen für ein besonderes Ereignis können sein:
- Ein Besuch im Zoo
- Auf dem Oktoberfest
- Ein schöner Tag (Wünsche für einen schönen Tag werden hier hineingepackt!) etc.

Satzkette

Ein TN nennt einen beliebigen Satz. Mit dem letzten Wort setzt der Nächste die Erzählung fort, die sinngemäß zur Vorgeschichte passen soll. Auf diese Weise entsteht eine wahrscheinlich wunderlich-komische Geschichte, deren Verlauf nicht vorhersehbar ist.

Die GL achtet darauf, die weniger geübten TN zu unterstützen.

Ein ganz besonderes Mahl

Die Anzahl der TN entspricht der Anzahl der Gänge des Menüs.

Wir beginnen natürlich mit den Vorspeisen, die die ersten TN nennen dürfen.

Beispiel: Es kann mit einem Aperitif begonnen werden, dann kann eine Suppe aufgetragen werden und die Hauptspeisen schließen sich an, worauf mehrere (je nach TN-Anzahl) Nachtische wie Kaffee, Käse, Eis, Obst folgen können. Die GL wird das Spiel so lenken, dass die verschiedenen Gerichte im Verhältnis zur Teilnehmerzahl passen.

Gewiss entsteht auf diese Weise ein ganz besonderes Mahl!

Gedächtnistraining und Spiele

Hans im Glück

Der erste TN nennt einen kleinen, wertlosen Gegenstand. Dieses Teil tauscht der nächste TN verbal in ein etwas Größeres ein. Je größer die Runde ist, umso kleiner müssen auch die Unterschiede beim Umtausch sein, da sonst bereits vor dem Ende keine Steigerung mehr möglich ist.

Wir beginnen zum Beispiel mit einem Fingerhut. Der nächste TN gibt dafür ein Buch, das wiederum gegen einen Stuhl eingetauscht wird, usw. Gegen Ende der Runde werden wertvolle Dinge, wie zum Beispiel ein Diamant und ein Schloss, getauscht.

Wie bei „Hans im Glück" kann auch auf umgekehrte Weise getauscht werden – von großem Besitz zu immer weniger wertvollen Dingen.

Spiele am Tisch

Aufgepasst

Spielmaterial vorbereiten:

- Große Spielfiguren, evtl. Holzfiguren mit Einkerbung, damit der Faden nicht verrutscht. Jede dieser Spielfiguren an eine ca. 30 cm lange Schnur binden.
- Einen Plastikblumentopf o.Ä. Probieren Sie aus, welche Größe/ Form sich am besten bei diesem Spiel für Ihre Gruppe bewährt.
- 30 Chips. Sie können auch Erdnüsse in der Schale, Murmeln, Cents, Goldtaler (Süßigkeiten) dafür nehmen.

Ablauf: Ein TN ist der Fänger. Dieser hält den Becher über die Spielfiguren, die in der Mitte des Tisches eng zusammenstehen und von den Mitspielern an der Schnur gehalten werden. Der Fänger würfelt so lange, bis eine Sechs fällt. Sofort versucht jeder TN, seine Figur mit der Schnur aus der Gefahrenzone zu ziehen, bevor er vom Becher des Fängers eingeschlossen werden kann. Da heißt es für den Fänger wie für die übrigen Mitspieler schnell zu reagieren. Wird ein TN gefangen, gibt er einen Chip ab. Wer keinen Chip mehr hat, kann auch nicht mehr weiterspielen, darf aber im nächsten Spiel der Fänger sein.

Watte pusten

Die TN sitzen um den Tisch und stützen ihre Arme darauf, möglichst so breit, dass der Arm den Arm des Nachbarn berührt und so ein geschlossener Wall entsteht. Der Wattebausch in der Mitte – es kann auch ein farbiger Schafwollbausch sein – wird nun durch das Pusten der TN in Bewegung gesetzt. Ziel ist es, die Watte möglichst lang auf dem Tisch zu behalten.

Sehr spannend!

Schokolade auswürfeln

Eine Tafel Schokolade wird sehr gut in mehrere Lagen verpackt, eingeschnürt, evtl. sogar richtig schön mit Geschenkband. Mütze, Handschuhe, Schal, Messer, Gabel und Würfel werden bereitgelegt, und schon geht's los!

Reihum wird gewürfelt. Fällt eine Sechs, darf der Würfler die Mütze aufsetzen, Handschuhe anziehen, Schal umlegen und mit Messer und Gabel versuchen, das Päckchen auszupacken. Ist er bei der Schokolade angekommen, wird diese ebenfalls mit dem Besteck in Stückchen geteilt, mit der Gabel zum Mund geführt und gegessen. Wenn die nächste Sechs gewürfelt wird, müssen die Utensilien sofort an den Nächsten weitergegeben werden, der sein Glück ebenfalls versucht.

Sehr spannend und sehr lustig!

Je nach Verfassung der TN können weniger Utensilien verwendet werden.

Selbstbildnis

Die TN zeichnen ein Porträt von sich selbst mit Bleistift auf Papier. Rückseitig kennzeichnen sie das Blatt mit ihrem Namen. Alle Zeichnungen werden eingesammelt. Nun wird Bild für Bild betrachtet. Die TN versuchen, jedes Bildnis dem entsprechenden TN zuzuordnen. Das kann zu lustigen Verwechslungen führen und außerdem die sonst oft versteckten künstlerischen Talente zum Vorschein bringen.

Gedächtnistraining und Spiele

Lieder zeichnen

Material: Große Tafel

Auch Lieder können bildhaft dargestellt werden. Ein Freiwilliger oder die GL stellen das erste Lied, das die TN kennen, an der Tafel zeichnerisch dar. Erstaunlich ist, mit wie vielen Liedern das gelingen kann!

Wer das Lied errät, ist der Nächste an der Tafel.

Namen suchen

Die GL hat sich Vor- und Nachnamen von bekannten Persönlichkeiten, aber auch von Menschen, die alle in dieser Runde kennen sollen, notiert. Dann nennt sie nur den Vornamen einer dieser Personen und die TN dürfen den dazugehörigen Nachnamen erraten.

Dasselbe kann auch mit dem Nachnamen gespielt werden.

Variante:

Auf vorgefertigte Kärtchen, die in der Mitte jeweils durch einen Strich geteilt sind, wird auf die eine Hälfte der Vorname, auf den anderen Teil der Nachname geschrieben und in der Mitte auseinandergeschnitten. Die Kärtchen werden gemischt auf den Tisch gelegt und sollen nun richtig zugeordnet werden.

Welcher Tisch schafft das am schnellsten?

Der kleine Aufwand für die Herstellung der Kärtchen lohnt sich allemal, da diese auch später immer wieder eingesetzt werden können.

Auch andere Themen eignen sich für dieses Spiel.

Beispiel: Tiere und ihre Geräusche (Schwein – grunzen, Hund – bellen, Frosch – quaken usw.),

Sehenswürdigkeiten und die dazugehörige Stadt, Essensspezialitäten und ihr Land, usw.

Geteilte Äpfel

Auf Tonpapier werden Äpfel gemalt (bzw. das Bild eines Apfels wird mehrfach kopiert und auf Tonpapier aufgeklebt) und ausgeschnitten. Es sollen genügend Äpfel für alle TN vorhanden sein. Jeder TN darf nun mindestens einen Apfel auf seine individuelle Art auseinanderschneiden. Wenn alle Apfelteile vermischt auf dem Tisch liegen, kann das Apfelpuzzle beginnen.

Als Wettspiel: Welche Gruppe kann alle Teile auf ihrem Tisch am schnellsten richtig zusammensetzen?

Postkarten zusammensetzen

Zur Vorbereitung werden Postkarten gesammelt.

Die Karten werden in unregelmäßiger Form durchgeschnitten und auf dem Tisch vermischt. Nun sollen die Teile wieder zusammengelegt werden - je mehr Karten, umso schwieriger die Lösung.

Entpuppt sich die Aufgabe als zu leicht, werden die Karten nochmals unterteilt!

Sprichwörter zusammensetzen

So wie oben kann auch mit Sprichwörtern verfahren werden. Die auf Pappe aufgeschriebenen Sätze werden je nach Länge auseinandergeschnitten, um im Spiel wieder zu den ursprünglichen Sätzen zusammengesetzt zu werden.

Die GL wird, je nach Leistungsfähigkeit der TN, die entsprechende Anzahl der Sprichwörter in das Geschehen einbringen.

Sortieren

Auf jeden Tisch wird ein gleich großes, gemischtes Häufchen bestehend zum Beispiel aus Erdnüssen (mit Schale), (evtl. verschiedenen) Bohnen, Nudeln, Walnüssen usw. (die GL entscheidet, wie viele Sorten angemessen sind) gelegt. Die TN versuchen nun mit Hilfe von langen Joghurtlöffeln das Durcheinander zu sortieren. Es ist darauf zu achten, dass die Gruppen so gemischt sind, dass ein fairer Wettkampf entsteht.

Gleichwertige Häufchen vorzubereiten kann für die GL etwas zeitaufwändig sein. Wenn diese jedoch nach dem Spiel wieder vollständig jeweils in einen Behälter kommen, können sie auch später immer wieder eingesetzt werden – die Vorbereitung lohnt sich!

Gedächtnistraining und Spiele

Bingo

Alle Kugeln befinden sich in einem Bingokurbelkäfig.

Jeder Spieler hat einen Spielzettel mit 9 (oder 12) Spielfeldern, in die er seine Zahlentipps einträgt (man darf keine Zahl doppelt nehmen).

Mit der Kurbel den Käfig drehen, Kugel ziehen und die gezogene Zahl laut ansagen. Diese wird an dem für sie vorgesehenen Platz auf dem Nummernbrett abgelegt.

Alle TN vergleichen mit ihrem Spielzettel, ob sich die gezogene Zahl darauf befindet. Wenn ja, wird diese weggestrichen. Die im Spiel gezogenen Kugeln bleiben auf dem Nummernbrett und werden nicht wieder in den Bingokurbelkäfig gegeben.

Der Mitspieler, der als Erster eine Reihe Zahlen auf seinem Spielzettel weggestrichen hat, ruft laut BINGO und hat gewonnen!

Wenn kein Kurbelkäfig vorhanden ist, kann man auch einfach die Zahlen von 1–99 (oder weniger, je nachdem, wie lang das Spiel dauern soll) auf Zettel schreiben und diese verdeckt ziehen lassen. Wichtig ist, dass keine Zahl doppelt vorkommt und die bereits gezogenen Zahlen zur Kontrolle am Ende aufbewahrt werden.

Würfeln am Tisch

Herr Meier

Auf ein DIN A 4 Blatt wird ein einfaches Männchen mit Hut (Herr Meier) gemalt und zwar so, dass es in 16 Kästchen aufgeteilt werden kann. Diese werden von 3 bis 18 nummeriert. Jeder TN erhält davon eine Kopie.

Im Kreis geht der Würfelbecher mit drei Würfeln herum, wobei jeder Wurf zusammengezählt und die entsprechende Zahl, falls vorhanden, bei Herrn Meier ausgestrichen wird.

So geht es Runde um Runde, bis der Erste alle Zahlen auf seinem Blatt ausgestrichen hat.

Natürlich kann so lange gewürfelt werden, bis nur noch ein TN übrig ist.

Würfeln am Tisch

Leiterbau

Jeder TN bekommt 11 Streichhölzer oder halbe Schaschlikspieße. Das Ziel ist es, damit eine dreistufige Leiter zu bauen. Reihum wird gewürfelt, wobei mit der gewürfelten 6 gebaut werden darf und dann nochmals gewürfelt. Werden mehrere Sechsen geworfen, kann entsprechend weitergebaut werden.

Ist die Leiter komplett, geht es auf die gleiche Weise umgekehrt an den Abbau.

Wessen Leiter als Erste gebaut beziehungsweise verschwunden ist, ist Sieger.

Knöpfe wegwürfeln

Jeder Spieler bekommt 20 Knöpfe, Erdnüsse o.Ä.

Es wird der Reihe nach gewürfelt und jeder darf so viele Knöpfe weglegen, wie Augen gewürfelt werden. Das scheint sehr einfach zu sein, doch am Ende muss die gewürfelte Zahl mit den noch vorhandenen Knöpfen genau aufgehen. Wird mehr gewürfelt, so muss das zu viel Gewürfelte wieder dazu genommen werden. Beispiel: Ist nur noch ein Knopf vorhanden und es wird eine 5 gewürfelt, müssen 4 Knöpfe zurückgenommen werden.

Wer als Erstes seine Knöpfe losgeworden ist, hat gewonnen.

Schwarzer Rabe

Ziel ist es, eine festgelegte Zahl, zum Beispiel 30, zu erreichen. Jeder TN würfelt jedoch nicht für sich, sondern für seinen rechten Nachbarn. Fällt eine 1, also der **Schwarze Rabe**, bekommt der Würfler selbst 3 Minuspunkte. Wer hat die vorher bestimmte Zahl als Erster erreicht?

Es wird hilfreich sein, die Zahlen zu notieren.

Variante: Für manche Gruppen ist die einfachere Spielart sinnvoller, wonach jeder TN für sich selbst spielt.

147

Unterhaltungsspiele

Wer bin ich?

Ein TN verlässt den Raum. Anschließend wird ausgemacht, welchen Prominenten dieser TN darstellen wird.

Der TN wird hereingerufen und soll mit Fragen an die TN, die nur mit Ja oder Nein beantwortet werden dürfen, herausfinden, wer er sein soll.

Auch umgekehrt kann gespielt werden: Die GL zeigt dem TN auf einem Zettel, wen er darstellen soll. Die übrigen TN versuchen herauszufinden, um wen es sich handelt.

Variante: Auch andere Themen können erraten werden, zum Beispiel Berufe, Haushaltsgegenstände, Tiere, Sehenswürdigkeiten, Blumen, Städte, Länder, Gerichte und vieles mehr.

Wo ist der Dirigent?

Während die TN im Kreis sitzen, verlässt ein TN den Raum. Ein Freiwilliger wird zum Dirigenten ernannt und darf somit den Ton angeben. Er spielt pantomimisch ein Instrument und alle TN machen es ihm nach. Der Dirigent wird sein Instrument immer wieder wechseln und die ganze Gruppe macht mit. Mal wird Akkordeon gespielt, dann Klavier, Flöte, Geige, Mundharmonika usw. Der hereingerufene TN soll nun, allein durch Beobachten, den heimlichen Dirigenten enttarnen.

Eine Herausforderung für die TN! Schaffen es wirklich alle, unauffällig den Befehlen des Dirigenten zu folgen? Wenn nicht, so ist dieses Spiel auf jeden Fall sehr lustig!

Ballonfahrt

Stellen Sie sich vor, Sie alle haben eine Ballonfahrt gewonnen. Sie sitzen bei herrlichstem Wetter im Korb des Ballons und genießen diese wunderbare Fahrt. Plötzlich wird ein Defekt bemerkt und Ballast muss abgeworfen werden, damit der Ballon nicht sinkt. Aber das genügt nicht! Ein Unglück lässt sich nicht mehr verhindern, und selbst die Insassen können nicht mehr verschont werden. Bis auf einen (vielleicht auch zwei oder drei) TN, müssen alle den Ballon „verlassen". Bleiben darf, wer die Anderen davon überzeugen kann, dass er für die Menschheit unersetzlich ist.

Dabei darf natürlich gelogen werden, was das Zeug hält. Größte Gewinnchancen wird wahrscheinlich derjenige haben, der mit Fantasie überzeugende Gründe witzig formuliert.

Was ist mit mir los?

Ein Freiwilliger verlässt den Raum.

Die zurückgebliebenen TN einigen sich auf eine Eigenschaft, die alle gemeinsam darstellen sollen.

Der Freiwillige wird hereingerufen und beobachtet die Gebärden der Mitspielenden.

Was zeigen sie? Möglich wäre zum Beispiel: Trauer, Müdigkeit, Ärger, Langeweile, ...

Eine Person verändern

Ein TN verlässt den Raum. Die GL oder ein TN nehmen einige Veränderungen an ihm vor, die anschließend von den übrigen TN erraten werden sollen. Da kann die Hose aufgekrempelt sein, der Kragen der Bluse aufstehen, die Armbanduhr abgelegt oder eine Haarspange im Haar zu sehen sein, die vorher dort nicht war. Je nach Verfassung der TN sind diese Veränderungen offensichtlicher oder schwerer zu erkennen.

Als Gag wird einem männlichen TN zum Beispiel eine Haarschleife ins Haar gebunden oder einem TN eine Clownnase aufgesetzt.

Gedächtnistraining und Spiele

Ein toller Aufsatz

Eine Geschichte oder ein selbst verfasster Aufsatz werden vorgelesen. Die TN suchen für jedes Hauptwort noch ein ausgefallenes Eigenschaftswort, das vor das Hauptwort gesetzt wird.

Der neu überarbeitete Aufsatz wird so recht lustig anzuhören sein. Nicht zu schnell, aber deutlich betont vorlesen!

Mitspieler erraten

Jeder TN schreibt seinen Namen auf einen Zettel, die eingesammelt und von den TN wieder gezogen werden. Nun soll die Runde durch Fragen an die einzelnen TN, die nur mit Ja und Nein beantwortet werden können, herausfinden, wer welche Person gezogen hat.

Schatzsuche

Ein TN verlässt den Raum. Währenddessen wird ein Schatz (das kann z. B. eine kitschige kleine Schmuckdose usw. sein) versteckt.

Der Schatzsucher macht sich auf, die Kostbarkeit zu suchen. Die TN unterstützen ihn dabei mit „heiß"-, „warm"- und „kalt"-Zurufen, je nachdem, wie weit entfernt er sich vom Schatz befindet. Ist der Schatz gefunden, kann der nächste Freiwillige sein Glück versuchen.

Um das Spiel interessanter zu gestalten, darf sich jeder Schatzsucher aus der Truhe einen Schokoladentaler nehmen.

Es wird so lange gespielt, wie es Spaß macht.

Reporterfragen

Ein „Reporter" stellt mit einem Pseudo-Mikrofon reihum Fragen, die der Angesprochene aber für den von ihm Rechtssitzenden beantworten muss.

Eine komisch-witzige Situation!

Gesichter erraten

Ein TN versucht mit verbundenen Augen durch Ertasten das Gesicht einer anderen Person zu erkennen.

Auftrag ohne Worte

Ein TN verlässt den Raum. Währenddessen einigt sich die Gruppe auf einen Befehl, zum Beispiel „Die Schnürsenkel am rechten Schuh aufbinden" oder „die Ärmel hochkrempeln" etc.

Kommt der TN herein, so teilen ihm die anderen TN mit ausdrucksstarker Mimik und Gestik den Befehl mit, was gar nicht so schwierig, aber recht lustig ist.

Zeichenkünstler

Material: Eine große Tafel

Die GL oder ein TN zeichnen auf die Tafel eine Figur oder ein bestimmtes Motiv. Die übrigen TN verfolgen und beobachten das Geschehen. Welches Bild entsteht? Derjenige, der die Lösung am schnellsten errät, darf als Nächster zeichnen.

Flaschen drehen

Die TN sitzen im Kreis. Auf dem Boden oder auf dem Tisch wird eine Flasche in der Mitte gedreht. Der TN, zu dem nach dem Drehen der Flaschenhals hinzeigt, muss eine Aufgabe lösen. Die Aufgabe wird zuvor von den TN festgelegt.

Beispiel: Ein Gedicht aufsagen, die 1. Strophe eines Liedes singen, einen Witz erzählen, der Runde eine Frage stellen.

Natürlich achtet die GL darauf, dass keiner gegen seinen Willen etwas machen muss, weshalb auch die Möglichkeit gegeben werden kann, zwischen verschiedenen Aufgaben zu wählen.

Deckelchen wegwürfeln

Jeder TN erhält die gleiche Anzahl, ca. 10 Stück (je nach Gruppengröße) Plastikschraubverschlüsse von Trinkflaschen, o.Ä.

Mit dem großen Würfel wird reihum gewürfelt.

Bei 1 oder 6 wird ein Deckelchen zum linken oder rechten Nachbarn abgegeben.

Bei 2 oder 4 wird ausgesetzt.
Bei 3 oder 5 wird das Deckelchen in einen Behälter in die Mitte geworfen.
Wer als Erster alle Deckelchen losgeworden ist, hat gewonnen.

Ich sehe was, was du nicht siehst

Ein TN fixiert unauffällig gedanklich einen Gegenstand im Raum, die anderen TN sollen nichts davon bemerken. Der TN kann durch die Art und Weise seines Verhaltens auf die falsche Fährte lenken. Die TN fragen nach dem gesuchten Gegenstand (z.B. nach Farbe und Größe) und bekommen vom Gefragten nur Ja- und Nein-Antworten. So kann aber die Lösung immer mehr eingegrenzt werden, bis schließlich das richtige Ergebnis gefunden wird.

Der Gewinner darf die nächste Aufgabe stellen.

Wie gut schau ich meinen Nachbarn an?

Einige Freiwillige verlassen den Raum.
Bevor die erste Person hereingerufen wird, beschreiben die Zurückgebliebenen die Kleidung des TN von Kopf bis Fuß – auch den Schmuck nicht vergessen!

Tiere raten

Einem TN wird ins Ohr geflüstert oder auf einem Kärtchen mitgeteilt, welches Tier er darstellen soll.

Die TN sollen das gesuchte Tier erfragen, wobei die Antworten nur Ja oder Nein sein dürfen. Alle TN, die gerne befragt werden möchten, kommen an die Reihe. Allerdings soll ein TN, von dem bekannt ist, dass er besonders viel Spaß versteht, als Letzter seinen Auftritt haben. Diesem wird zunächst allein im Vorraum „sein" Tier gesagt. Unter einem Vorwand muss er allerdings noch draußen warten. In dieser Zeit wird die GL den anderen TN eindringlich erklären, dass sie auf keinen Fall dieses Tier nennen dürfen, sondern nur andere Tiere aufzählen sollen. So wird der Mime bei einem relativ leicht vorzuführenden Tier alles Mögliche versuchen, die Gruppe zu überzeugen und schier verzweifeln, wenn zum Beispiel beim Bellen für den Hund eine Katze oder ein Esel genannt werden. Die Zuschauer werden sich krümmen vor Lachen.

Was esse ich gerne?

Die TN nennen in diesem vorgegebenen Satz ihren Namen und eine Speise mit dem gleichen Anfangsbuchstaben – so werden auch wieder die Vornamen auf witzige Art ins Gedächtnis gerufen.
Ich heiße Hedwig und esse gern Heringssalat.
Ich heiße Erich und esse gern Essiggurken etc.

Pantomime

Pantomimische Darbietungen eignen sich auch bestens als Wettkampfspiele. Zwei Parteien/Tische treten gegeneinander an, wobei die eine Seite vorführt, die andere rät und danach umgekehrt. Wer die meisten Treffer hat, hat gewonnen.

Beispiele:
- Hausarbeit (bügeln, abtrocknen, spülen, staubsaugen …)
- Gartenarbeit (rechen, hacken, säen, jäten, ernten …)
- Gefühle (Trauer, Freude, Schadenfreude, Schmerz …)

Ein besonderes Ereignis

Ein Freiwilliger stellt eine aufregende Begebenheit, zum Beispiel als Zuschauer eines Fußballspiels oder als Geburtstagskind beim Empfang der Gäste und Entgegennahme der Gratulationen mimisch dar. Die Zuschauer äußern ihre Vermutungen, was der „Schauspieler" mit der Vorführung ausdrücken will.

Vielleicht melden sich noch andere TN, um als Schauspieler zu agieren – was oft ungeahnte Talente zum Vorschein bringen kann.

Essensvorführung

Ein TN zeigt, wie auf typische Art und Weise ein bestimmtes Essen eingenommen wird. Beispiele: Banane vor dem Essen langsam schälen, Kirschen essen, Eis lutschen, Spaghetti aufwickeln und zum Mund führen, vielleicht sogar mit Stäbchen essen …

Werden die Zuschauer erraten, was gegessen wird?

Sportvorführung

Auch verschiedene Sportarten eignen sich bestens für eine Vorstellung.

Viele Sportarten wie Boxen, Schwimmen, Tennis und Fußball lassen sich einfach darstellen und erraten. Aber wie verhält sich der Zuschauer eines bestimmten Sportes? Gewiss gelingt es dem einen oder anderen TN mit seinen schauspielerischen Fähigkeiten die Ratenden auf die richtige Lösung zu führen.

 ## Spiele mit dem Ball

Gegensätze

Die GL nennt ein Wort und wirft den Ball einem TN zu. Dieser nennt das Gegenteil davon und gibt ebenfalls ein Wort für den nächsten TN vor, indem er ihm den Ball zuwirft. Fällt einem TN nichts ein, helfen alle zusammen.

Mögliche Wortpaare: trocken – nass, schön – hässlich, fleißig – faul, Winter – Sommer, Land – Meer, Mann – Frau.

Reimen

Der Ball wird einem TN zugeworfen und dabei gleichzeitig ein Wort genannt. Der Auffangende versucht, ein Reimwort darauf zu finden und wirft damit den Ball weiter.

Beispiele: Kind – Wind, Baum – Saum, Mann – Kamm, usw.

Sag mir was mit ...

Die TN sitzen im Kreis. Ein TN fängt den Ball mit der Aufforderung: „Sag mir was mit A", worauf dieser mit jeweils diesem Anfangsbuchstaben mit zwei Worten antwortet, zum Beispiel: „Apfel ausstechen", bei **M** „Mona Lisa malen", bei **S** „Sauerkraut stampfen" ...

Schwierige Buchstaben werden ausgelassen.

Veränderte Namen

Einem TN wird der Ball zugeworfen und dabei ein Name genannt. Mit dem letzten Buchstaben des genannten Wortes soll der TN einen neuen Namen nennen und ebenfalls den Ball einem anderen TN zuwerfen etc.

Sätze mit wenn ..., würde ...

Ein TN wirft den Ball und beginnt zum Beispiel folgenden Satz: „**Wenn** ich wieder jung wäre, **würde** ich ..." und wirft dabei den Ball einem anderen TN zu, der diesen Satz nach seiner Vorstellung, wie zum Beispiel „... Fallschirm fliegen lernen", beendet. Der nächste Ballfänger fährt zum Beispiel fort: „**Wenn** ich ‚Sechs Richtige' im Lotto hätte, **würde** ich ..." und ein anderer TN erwidert „... mir eine Farm in Dallas kaufen".

Dieses Spiel verführt die TN, in der geistigen Wunschkiste zu kramen, wobei sich Realität und Träumerei auf lustige Weise vermischen.

Sprichwörter werfen

Für dieses Spiel ist es hilfreich, wenn sich der GL bekannte Sprichwörter zurechtlegt – wer hat schon mehr als zehn Sprichwörter auf Abruf im Kopf?

Der GL wirft den Ball der Reihe nach jeweils einem TN zu und gibt dabei den Anfang eines Sprichwortes preis. Bei kurzen Sätzen reicht oft das erste Wort. Der Auffänger wirft den Ball zurück und bringt dabei den Satz zu Ende.

Beruf und was dazugehört

Ein TN wirft den Ball einem Mitspielenden zu und nennt dabei einen Beruf. Der Fänger zählt daraufhin drei Dinge auf, die zu diesem Beruf gehören; wenn's schwierig wird, helfen alle TN mit. Das können Produkte, die in diesem Beruf erzeugt/hergestellt werden, sein oder Werkzeuge, die dafür benötigt werden.

Beispiel:
Pfarrer: Predigen, singen, taufen.
Bauer: Säen, misten, Traktor fahren.
Schreiner: Hobeln, sägen, schleifen.
Krankenschwester: ...

Gedächtnistraining und Spiele

Vogel-Tier-Städte-Länder-Blumen-Spiel

Ein Thema wird vorgegeben, jeder TN in der Runde benennt sich dazu der Reihe nach laut und deutlich mit einem passenden Begriff.

Beispiel: Zum Thema Vögel nennt jeder TN einen Vogel, mit dem er in diesem Spiel von den anderen TN angesprochen wird. Die TN versuchen, sich diese Benennungen zu merken, weshalb es wichtig ist, gemeinsam die neue Anrede reihum deutlich zu wiederholen.

Nun werfen sich die TN den Ball zu und geben dabei den Vogelnamen an.

Themen können sein: Vögel, Länder, Städte, Kräuter, Blumen, andere Vornamen ...

Bei den Städte- und Ländernamen wird es noch unterhaltsamer, wenn beim Werfen zum Beispiel „mein Ball fliegt nach München" gesagt wird, also der Ball von einem Ort/Land zum andern fliegt.

Ja und Nein

Die GL zeigt einem TN auf einem Zettel verdeckt vor den anderen den zu erratenden Begriff, den die TN durch Fragen, die nur mit Ja oder Nein zu beantworten sind, herausfinden sollen.

Das können sein:

- Personen – es muss vorab geklärt werden, um welche Personengruppe es sich handelt, zum Beispiel Personen aus dem näheren Umkreis, Prominente, Politiker ...
- Heimische Früchte
- Berufe
- Küchengeräte
- Kräuter
- Blumen

Wissen – Schätzen – Raten

Menge schätzen

In einem Glas/Korb befinden sich zum Beispiel Erdnüsse (in der Schale). Reihum geben die TN den Behälter weiter, um die geschätzte Anzahl der Nüsse zu nennen. Jeder versucht sich seine Zahl zu merken.

Wissen – Schätzen – Raten

Dann wird es spannend, denn die GL gibt nicht einfach die richtige Anzahl bekannt, sondern ein oder zwei Freiwillige werden vor allen TN die Nüsse zählen.

Geschätzt werden können natürlich alle nur möglichen Dinge, zum Beispiel Nudeln, Schoko-Eier (an Ostern), Knöpfe, ein Bund Spaghetti, ein Häufchen Steine, usw.

Die gefüllten Gläser können in bestimmten Zeitabschnitten immer wieder geschätzt werden und andere Behälter kommen dazu.

Auch ein Schächtelchen Zündhölzer kann zum Schätzen herumgereicht und dabei geschüttelt, aber nicht geöffnet werden.

Warum nicht auch mal einen ganzen Korb Kartoffeln oder sogar einen Eimer, gefüllt mit Sonnenblumenkernen (Vogelfutter), schätzen? Dabei wird zuerst eine gefüllte Tasse entnommen und gezählt. Dann die Anzahl der Tassen mit Sonnenblumenkernen mit der Anzahl aus einer Tasse multiplizieren. Bei diesem Beispiel haben wir die Möglichkeit, mit weniger überschaubaren und relativ hohen Zahlen zu schätzen. Das ist äußerst interessant und spannend, da die kleinste und die größte geschätzte Zahl umso weiter auseinanderliegen werden.

Und wenn wir dann schon bei höheren Zahlen sind, gehen wir doch noch einen Schritt weiter: Wie weit ist die Entfernung vom Mond zur Erde, von der Erde zur Sonne?

Vielleicht fallen den TN ebenfalls Fragen ein, deren Antwort eine hohe Zahl ist.

Über Fragen, die auch die GL nicht beantworten kann, werden bis zur nächsten Gruppenstunde Informationen eingeholt.

Varianten:

Geldwert schätzen: Münzen auf einen Teller legen. Wie groß ist der gesamte Wert?

Die Zeit messen (Uhr bereitlegen!): Wie lange dauert es, ein bestimmtes Volkslied mit allen Strophen zu singen?

Gewichte schätzen: Reihum wird ein Gegenstand weitergereicht, geschätzt und anschließend gewogen.

Bestimmt wurden jetzt noch mehr Schätzideen wachgerufen?

Gedächtnistraining und Spiele

Wie lange musste/muss gearbeitet werden für ...

Wie lange musste früher für den Lebensunterhalt gearbeitet werden? Wie viele Stunden muss heute der arbeitende Mensch für die notwendigen Dinge des Lebens arbeiten?

Fragen, die bestimmt Interesse und Neugier wecken. Schätzen Sie!

Produkt	1960	1991	Heute
250 g Butter	39 Min.	6 Min.	5 Min.
Kaffee	2 Std. 13 Min.	16 Min.	13 Min.
0,5 l Bier	15 Min.	3 Min.	3 Min.
Strom mit Grundgebühr 200 kWh	10 Std. 7 Min.	3 Std. 15 Min.	2 Std. 57 Min.
Waschmaschine	224 Std. 30 Min.	54 Std. 30 Min.	51 Std. 28 Min.
Fernseher	351 Std. 38 Min.	80 Std. 38 Min.	55 Std. 6 Min.

Bekanntes erkennen

Die GL beschreibt anschaulich Merkmale eines vorab bekannt gegebenen Themas. Das können sein: Kennzeichen/Besonderheiten einer Sehenswürdigkeit, eines bekannten Gebäudes, einer bestimmen Landschaft, eines Tieres, einer Pflanze, einer bekannten Person, vielleicht auch eines der Gruppe sehr nahe stehenden Menschen.

Wer zuerst errät, um wen/was es sich handelt, hat gewonnen.

Vielleicht haben auch einige TN Spaß, als Fragesteller zu agieren.

Überraschungssack

Material: Aus Pappe werden allerhand markante Formen ausgeschnitten, zum Beispiel Ball, Blatt, Auto, Ei, Gabel, Hut, Flasche, Löffel, Schere, Ring, Birne, Mond(-sichel), Tasse, Zahnbürste ...

Alle Teile kommen in ein Säckchen, das im Kreis herumgereicht wird. Die TN greifen hinein und versuchen, fühlend die Formen zu erkennen. Ist die Runde beendet, dürfen alle TN die Gegenstände, die sie glauben erkannt zu haben, nennen. Haben sich alle geäußert, wird der Inhalt auf den Tisch geleert. Welche Formen sind nicht erkannt worden?

Variante: Tische/Personen treten gegeneinander an – wer die meisten Gegenstände erkannt hat, ist Sieger.

Hör-Memory

Material: Ca. 20 Filmdöschen oder kleine Gläser (die z.B. mit Geschenkpapier umklebt werden).

Kleine alltägliche Dinge, wie zum Beispiel Reissnägel, Zucker, Bohnen, Salz, Sand, Knöpfe, Geldstücke, Nägel, Reis usw. werden in die Behältnisse gefüllt (je zwei Döschen/Gläser mit derselben Sorte).

Die Spielregel verläuft wie beim klassischen Memory – je zwei gleiche Döschen/Gläser müssen gefunden werden. Jeder Spieler schüttelt zwei Behältnisse. Erkennt er dabei das gleiche Geräusch, darf er nachschauen und allen TN die Einlage zeigen. Stimmt seine Vermutung, erhält er die Döschen. Sind die Behältnisse **nicht** identisch, wird dennoch gezeigt, was sich darin befindet, dabei deutlich genannt und wieder an die gleiche Stelle zurückgestellt.

Ertasten

In einem Beutel oder Sack soll ein Gegenstand erraten werden. Das kann zum Beispiel ein Plüschtier sein oder auch ein ganz alltäglicher Gebrauchsgegenstand. Die TN sollen ihre „Vermutung" so lange für sich behalten, bis der Beutel die Runde gemacht macht. Was wurde erfühlt? Die TN äußern ihre Vermutungen.

Es können auch ganz witzige Teile erraten werden, wie zum Beispiel ein Schnuller oder eine alte manuelle Kaffeemühle.

Bild erraten

Material: Ein größeres Bild, zum Beispiel ein Kalenderblatt, wird verdeckt bereitgelegt.

Aus dem Bild wird ein Stück herausgeschnitten. Die TN reichen diesen Ausschnitt weiter, bis ihn jeder betrachten konnte. Mit ihrer Vermutung, zu welchem Bild dieses Teil gehört, halten sich die TN so lange zurück, bis die ganze Runde das Motiv anschauen konnte. Die TN äußern sich über das mögliche Lösungsbild.

Schließlich fügt die GL das Teil wieder an der fehlenden Stelle ein. Wer lag mit seiner Vermutung am Nächsten?

Steckbrief

Die GL erklärt, dass eine allen TN bekannte Person gesucht wird, und nennt steckbriefartig Kennzeichen wie Geschlecht, Haarfarbe, Größe, besondere Kennzeichen, Vorlieben, Hobby, Eigenarten, usw.
Wer steckt dahinter?

Da die gesuchte Person sich selbst nicht hinter der Beschreibung vermutet, wird diese nach der Auflösung besonders erstaunt sein.

Erschnuppern

Freiwillige TN treten gegeneinander an.

Einem TN werden die Augen verbunden und Alltägliches, wie zum Beispiel eine Zwiebel, Brot, Seife, Knoblauch, Zitrone, Früchte, Gewürze unter die Nase gehalten, die sie so am Geruch erkennen sollen.

Wer hat am meisten erkannt?

Erschmecken

Es ist nicht einfach, mit verbundenen Augen oder auch noch mit einer (nicht zu strammen) Wäscheklammer verschlossenen Nase, Lebensmittel zu erschmecken.

Mehrere TN treten gegeneinander an. Wer hat die meisten Proben erschmeckt?

Raten auf Spezialgebieten

Anhand eines Atlasses werden Länder, Flüsse, Städte, Sehenswürdigkeiten und vieles mehr gesucht.

Die GL beschreibt zum Beispiel das gesuchte Land, indem sie die spezielle Landschaft, Flüsse und Städte des Landes nennt oder umschreibt. Anfangs die weniger bekannten Daten, später die bekannteren.

Mit diesem Spiel wird gleichzeitig das Interesse an den gesuchten Objekten geweckt und neues Wissen dazu gewonnen. Eigene Kenntnisse fließen mit ein und bereichern so die Stunde.

Variante: Mit der entsprechenden Fachliteratur können auf diese Art Vögel, Kräuter, Blumen, Tiere und vieles mehr gesucht werden.

Eine besondere Variante: Mit dem Kochbuch können auch Rezeptzutaten vorgelesen werden. Wird das gesuchte Gericht so nicht erkannt, wird auch noch die Zubereitung der Speise verraten.

Nachteil: Es kann Appetit aufkommen!

Märchen raten

Aus einem bekannten Märchen nennt die GL typische Personen und Dinge.

Welches Märchen steckt dahinter?

Variante: Es werden Auszüge aus der Geschichte vorgelesen – so lange bis das Märchen erkannt wird.

Fragespiele

 Infos und Tipps für die Gruppenleitung

 Rätsel- und Scherzfragen

 Spannende Quiz-Fragen

 Fragen zum Staunen und Wundern

Rätsel- und Scherzfragen

Info für die Gruppenleitung

Rätsel und Scherzfragen wirken erheiternd, lockern die Stimmung auf und beleben als unterhaltsame Einlage jede Gruppenstunde. Gleichzeitig werden natürlich die grauen Zellen auf vergnügliche Art und Weise gefordert.

Welches Tier geht im Hemd spazieren? (Der Floh)

Wer tritt uns ins Gesicht und wird nicht bestraft? (Der Schweiß)

Was war am 6.12.1964? (Nikolaus)

Welche Farben muss man mischen, wenn man grün erhalten will? (Blau und gelb)

Es ist mein eigener Besitz, aber ihr braucht ihn viel mehr als ich. (Mein Name)

Es hat viele Blätter und ist doch kein Baum. (Das Buch)

Wie verhindert man, dass Lebensmittel schlecht werden? (Indem man sie isst.)

Was ist der Unterschied zwischen einem Pianisten und einem Maikäfer? (Der Pianist hat nur einen Flügel.)

Was haben Bergwerke, Weihnachtstische und Fußballschuhe gemeinsam? (Stollen)

Welche Flocken fallen im Winter nicht vom Himmel? (Haferflocken)

Wie geht man übers Wasser, ohne nass zu werden? (Über die Brücke)

Was hängt am Dach und weint, wenn die Sonne scheint? (Der Eiszapfen)

Was haben ein Ehepaar und ein Tisch gemeinsam? (Vier Beine)

Was ergeben drei Birnen und zwei Äpfel? (Kompott)

Wie viel Mal in der Woche dreht sich die Sonne um die Erde? (Die Erde dreht sich einmal im Jahr um die Sonne.)

Alle Tage geh ich aus, bleibe dennoch stets zu Haus? (Die Schnecke)

Was kann unter freiem Himmel von der Sonne nicht beschienen werden? (Der Schatten)

Es gibt einen Baum, der weder Blätter noch Nadeln hat. Es gilt sogar als sportlich, ihn zu schlagen. Wie heißt dieser Baum? (Purzelbaum)

Fragespiele

Aus welcher Stadt kommt das teuerste Wasser? (Kölnisch Wasser aus Köln)
Nach welchen Bergen sehnen sich Bergsteiger am Abend? (Nach Herbergen)
Welche Krankheit gibt es in keinem Land? (Die Seekrankheit)
Welcher Tor umrundet die Welt? (Der Äquator)
Welche Brille hilft nicht beim Sehen? (Die Klobrille)
Welches Brot kann man nicht zum Frühstück essen? (Das Abendbrot)
Welcher Träger ist so faul, dass er sich selber tragen lässt? (Der Hosenträger)
Was ist schon lange fertig, wird aber jeden Tag neu gemacht? (Das Bett)
Sie wird zwar immer wieder nass, aber niemals trocken. Wer ist es? (Die Zunge)
Was geht durch alle Lande und bleibt doch, wo es ist? (Die Straße)
Jedem weist er ein anderes Gesicht – und hat doch selbst gar keins! (Der Spiegel)
Was geht durch Hecken und Zäune und raschelt nicht? (Das Licht)
Was hat Federn und fliegt nicht, Beine und geht nicht? (Das Bett)
Was kann man nicht mit Worten ausdrücken? (Den Schwamm)
In welchen Schuhen kann man nicht laufen? (In den Handschuhen)
Welche Haarfarbe hatten die alten Römer? (Grau)
Es kann weder laufen noch sprechen und läuft mir ständig nach (der Schatten).
Was geht und geht und kommt nicht weiter? (Die Uhr)
Vor wem nehmen selbst der Pfarrer und der König den Hut ab? (Vor dem Friseur)
Loch an Loch und hält doch. (Die Kette)
Es brennt und ist nicht heiß. (Die Brennnessel)
Wem darf man auf den Kopf schlagen? (Dem Nagel)
Was ist, wenn der Schornsteinfeger in den Schnee fällt? (Winter)
Wo liegt die Gans am wärmsten? (In der Bratröhre)
Welche Feigen schmecken nicht süss? (Die Ohrfeigen)
Welche Zeiten sind die besten? (Die Mahlzeiten)
Wie kann man Wasser in einem Sieb tragen? (Gefroren)
Welches Kätzchen ist kein Tier? (Das Weidenkätzchen)

Rätsel- und Scherzfragen

Welcher Abend fängt am Morgen an? (Der Sonnabend)
Wenn morgen da ist, wird es gestern sein. (Heute)
Ist es erlaubt, dass ein Mann die Schwester seiner Witwe heiratet?
(Er ist doch tot)
Du bist mein Sohn, ich aber nicht dein Vater. Wer sagt das?
(Die Mutter)
Je mehr es bekommt, desto hungriger wird es; und hat es alles
gefressen, so stirbt es. (Das Feuer)
Je mehr man davon isst, desto mehr bleibt übrig. (Nüsse)
Was isst man täglich, aber nie allein? (Salz)
Wer hat bisher die meisten Reisen um die Erde gemacht? (Der Mond)
Was ist gebrochen, sobald man es ausgesprochen hat? (Das Schweigen)
Der Geizige gibt es her, der Verschwender spart es. (Nichts)
Wie begrüssen sich zwei Päpste? (Zwei Päpste können sich nicht
treffen. Es gibt immer nur einen Papst.)
Es hängt an der Wand, hat den Hintern verbrannt. (Die Pfanne)

Ich bin ein kleines Männchen,
hab' einen runden Kopf,
und streicht man mir das Köpfchen,
gleich brennt der ganze Schopf. (Das Streichholz)

Hat ein Häuschen hart wie Stein,
doch was drin ist, das schmeckt fein. (Die Nuss)

Was für Rosen –
stecken statt im Busch in Hosen? (Die Matrosen)

Wem kann viel Verzehren
auch noch Geld bescheren? (Dem Wirt)

Der Bauer hat es,
der König hat es,
der Mond hat es manchmal auch. (Einen Hof)

Fragespiele

Die besten Freunde, die wir haben,
sie kommen nur mit Schmerzen an.
Und was sie uns für Weh getan,
ist fast so groß wie ihre Gaben.
Und wenn sie wieder Abschied nehmen,
muss man zu Schmerzen sich bequemen.
(Die Zähne)
Johann Wolfgang von Goethe

Ich bin ganz schön arm dran,
weil niemand mich wirklich leiden kann.
Mit meinen elf Brüdern geh ich Hand in Hand
durch das Jahr und durch das Land.
Und bin der Unbeliebteste von allen,
weil niemandem meine Launen gefallen.
Ich bin halt ungemütlich, trüb und grau,
nur selten ist der Himmel blau.
Nebelschleier bring ich und Regen,
Wind und Sturm durch die Straßen fegen.
Und so vertreibe ich Mann und Maus
an den Ofen ins warme Haus.
(Der November)

Im Lenz erfreu' ich dich,
im Sommer kühl' ich dich,
im Herbst ernähr' ich dich,
im Winter wärm' ich dich.
(Der Baum)

Ich steige aus der dunklen Erde
ans Licht hervor mit goldenem Haupt;
danach werd'ich zu Staub zerrieben
und dann dem Feuer übergeben;
erst so entsteht mein neuer Leib.
(Weizenkorn)

Rätsel- und Scherzfragen

Kein Kluger hält mich für gering,
ich bin ein unverträglich Ding;
drum bringt mich nicht in eure Taschen,
wollt ihr noch etwas drin erhaschen,
sonst fress ich's weg, und werde doch nicht satt,
ich fresse immer mehr, je länger man mich hat.
(Das Loch)

J.P. Hebel

Es hat zwei Eingänge
Und wenn man mit den Füssen heraus ist,
ist man erst richtig drin.
(Die Hose)

Enten schwimmen auf dem See.
Eine schwimmt vor zweien,
eine hinter zweien, eine zwischen zweien.
Wie viele Enten sind das?
(Drei Enten)

Ein seltsames Wesen

Sie ist da und ist auch dort.
Sie bleibt da und geht auch fort.
Man hat sie und man hat sie nicht.
Es gibt sie und man hat sie nicht.
Es gibt sie nachts
und auch bei Licht.

Auch ohne Beine
kann sie laufen.
Nichts und niemand
kann sie kaufen.

Sie rinnt mal langsam,
rennt mal schnell –
immer und ewig ist sie zur Stell'.

Ein seltsam Ding,
ich muss schon sagen.
Sie kann uns alle
ganz schön plagen.

Fragespiele

Was wären wir alle ohne sie?
Wär sie noch nicht erfunden,
wären wir dann ungebunden?
(Die Zeit)
Rose Hauser

Du jagst mich, ich jage dich,
du kriegst mich nicht, ich krieg dich nicht.
Unmöglich kann es gescheh'n, dass wir,
Schwester und Bruder, uns seh'n.
(Tag und Nacht)

Immer ist es nah – niemals ist es da.
Wenn du denkst, du seist daran,
nimmt es andre Namen an.
(Morgen)

Was ist das:
Am Morgen ist es lang,
am Mittag kurz und klein,
am Abend ist's am längsten,
und nachts ist's gar nicht da.
(Schatten)

Es hat ein Fell wie eine Katze,
grüne Augen wie eine Katze,
Krallen an den Pfoten wie eine Katze,
es ernährt sich von Mäusen wie eine Katze,
ja, es sagt sogar „Miau" wie eine Katze –
und es ist doch keine Katze!
(Kater)

Ich weiß ein kleines Haus,
hat weder Fenster noch Tore,
und will sein kleiner Wirt heraus,
muss er die Wand durchbohren.
(Das Ei)

Hat hinten zwei Ringe
und vorne zwei Spitzen
und in der Mitte
ein Nägelchen sitzen.
(Schere)

Es ist meiner Eltern Kind,
doch nicht mein Bruder, noch meine Schwester.
Wer ist es?
(Ich)

Vier Jahre bleib ich aus,
dann komm ich nach Haus.
Und zeige mich wieder
im Kreis meiner Brüder
(Schaltjahr)

Wenn meine Mutter fünf Töchter hat und jede dieser Töchter einen Bruder hat,
die Mutter wiederum das einzige Kind ihrer Eltern ist, wie viel Enkel haben dann die Eltern der Mutter?
(6 Enkel)

Wie viele Kirschen haben Hans und Fritz?

Hans sagt zu Fritz: „Gib mir eine Kirsche von deinen, dann haben wir beide gleich viele".
Fritz zu Hans: „Gib du mir doch eine Kirsche von dir, dann hab ich noch mal so viel wie du."

Wie viele Kirschen hat jeder der beiden?
Hans hat 5, Fritz 7 Kirschen.

Spannende Quiz-Fragen

Info für die Gruppenleitung

Diese kunterbunten Fragen sollen nicht als Quizstundenvorlage verstanden werden, sondern zu interessanten und unterhaltsamen Gesprächen anregen. Es können sich daraus neue Fragen erschließen, deren Antworten bis zum nächsten Treffen ermittelt werden können – dazu werden auch die TN aufgerufen.

Fragespiele

 Jeder hat die Chance auf seinem „Spezialgebiet" Antwort geben zu können oder mitzuraten.

- Wie viele Hörner hat das Nashorn?
  Das indische Nashorn hat eins, das afrikanische Nashorn zwei hintereinander.
- Wie weit kann ein Floh hüpfen?
  60–100 cm
- Wie viele Eier legt ein Kabeljau jährlich?
  4 bis 5 Millionen
- Gibt es eine Eidechsenart ohne Füsse?
  Ja, die Blindschleiche
- Was hat der Kabeljau mit dem Dorsch zu tun?
  Ein junger Kabeljau heißt Dorsch
- Wie oft muss eine Biene ausfliegen, um ein Pfund Honig zusammenzuholen?
  Etwa 25.000 Mal.
- Seit wann dürfen die Frauen in Deutschland wählen?
  Seit 1918
- Eine andere Bezeichnung für Schwarzdorn:
  Schlehe
- Nach wie vielen Ehejahren kann man diamantene Hochzeit feiern?
  Nach 60 Jahren
- Wie viele Füsse hat ein Tausendfüssler?
  Höchstens ca. 100 Fußpaare
- Was ist die Hauptnahrung eines Maulwurfes?
  Regenwürmer
- Aus wie vielen Knochen besteht das menschliche Skelett?
  Aus 208
- Welche Geschmackrichtungen können wir mit unserer Zunge erkennen?
  Süss, sauer, bitter, salzig
- Wie viel Liter Blut hat der Mensch durchschnittlich?
  4,5 bis 5 Liter
- Welche Haare sind dicker, blonde oder schwarze?
  Schwarze Haare sind dicker als blonde.
- Wie viel Liter Blut pumpt das Herz eines Erwachsenen in einer Stunde?
  400 Liter

Spannende Quiz-Fragen

- Hat der Regenwurm Augen?
    Nein
- In welchem Monat darf man Edelweiß pflücken?
    Nie, sie stehen unter Naturschutz
- Wie lange brütet die Henne ein Ei, bis das Küken schlüpft?
    21 Tage
- Wie lange braucht das Sonnenlicht bis zur Erde?
    8 Minuten
- Wer war der erste Bischof in Rom?
    Apostel Petrus
- Welche Beimischung gibt der echten Salami den typischen Geschmack?
    Eselfleisch
- Welches sind die Beneluxländer?
    Belgien, Niederlande, Luxemburg
- Wie nennt man eine kleine, mit Schellen besetzte Handtrommel?
    Tamburin
- Wie viele schwarze und weiße Tasten hat ein Klavier?
    36 schwarze und 52 weiße Tasten
- Wie nennt man einen sehr reinen, farb-, geruch- und geschmacklosen Knochenleim?
    Gelatine
- Wie nennt man einen geschliffenen Diamanten?
    Brillant
- Welche Tiere gehören zu den Bremer Stadtmusikanten?
    Esel, Hund, Katze, Hahn
- Welchen Spruch musste Aschenputtel am Haselstrauch sprechen?
    „Bäumchen, Bäumchen schüttle dich, wirf Gold und Silber über mich."
- Wie heißt die größte der Kanarischen Inseln?
    Teneriffa
- Welcher fromme Mann wurde angeblich von einem Wal geschluckt und wieder ausgespien?
    Der Prophet Jonas
- Woraus wird Senf hergestellt?
    Aus gemahlenen Senfsamen, Essig und Gewürzen
- Wie oft blüht die Fichte?
    Zum ersten Mal im Alter von etwa 40–50 Jahren und dann alle drei bis fünf Jahre.

Fragespiele

- Kann ein Birnbaum Äpfel tragen?
  Ja, wenn ein Apfelzweig aufgepfropft wurde.
- Wann beginnt das Münchener Oktoberfest?
  Im September
- Bringt eine Eidechse lebende Jungen zur Welt?
  Nein, sie legt Eier.
- Wie hieß das Getränk der alten Germanen?
  Met
- Wo steht der alte Peter?
  Kirche in München
- Was bedeuten die Buchstaben „C + M + B"?
  „Christus mansionem benedicat" (Christus segne dieses Haus).
- Wie nennt man die großen Steppengebiete Nordamerikas?
  Prärie
- In welcher deutschen Stadt gelten Klopse als bevorzugte Speise?
  Königsberg
- Wie heißt die Heilige Schrift der Mohammedaner?
  Koran
- Wachsen in einer Tropfsteinhöhle die Stalagmiten vom Boden aus nach oben oder hängen sie von der Decke herab?
  Vom Boden aus nach oben
- Wie nennt man die Wissenschaft von der stofflichen Beschaffenheit, den Formationen, dem Bau und der Geschichte der Erde?
  Geologie
- Wie heißen die weiblichen Wassergeister in Sagen und Märchen?
  Nixen
- Was ist ein ABC-Schütze?
  Schulanfänger
- Was haben Abendstern und Morgenstern gemeinsam?
  Beides ist die Venus
- Welchen Titel führt der Vorsteher eines katholischen Männerklosters?
  Abt
- Wie heißt das berühmte Mailänder Opernhaus?
  Mailänder Skala
- Wo finden die Festspiele statt, bei denen nur Opern von Richard Wagner aufgeführt werden?
  In Bayreuth

Fragen zum Staunen und Wundern

- Was ist der Unterschied zwischen Taiga und Tundra?
    Die Taiga ist ein sumpfiges Waldgebiet, die Tundra eine Moor- und Flechtensteppe in der Nähe der Baumgrenze, beides in Sibirien vorkommend.
- Wie hieß Istanbul früher?
    Konstantinopel
- Wie heißt die größte Insel der Erde?
    Grönland
- Wo liegen die Halligen?
    Im Wattenmeer an der Westküste Schleswig-Holsteins

Fragen zum Staunen und Wundern

Info für die Gruppenleitung

Viele, meist ganz alltägliche Informationen aus allen Bereichen des Lebens stecken bei genauerem Hinhören voller Überraschungen. Meist ist es scheinbar Belangloses das an uns vorüberzieht, ohne bewusst wahrgenommen zu werden, jedoch beim näheren Hinhören in Verwunderung und in Staunen versetzt oder uns auch zum Schmunzeln bringen kann.

Bestimmt führt so manche Frage zu unterhaltsamen Gesprächen.[1]

- Werden auch für über 100-Jährige Wettbewerbe im 100-Meter-Lauf ausgetragen?
    Ja. Den Weltrekord gewann der Südafrikaner Philip Rabinowitz im Alter von 100 Jahren (in 30.68 Sek.).
- Gibt es Tiere, die länger als ein Jahr ohne Futter leben können?
    Ja, der blinde Olm, ein Salamander mit durchsichtiger Haut, er kann 10 Jahre ohne Futter auskommen.
- Wie lange dauerte der 100-jährige Krieg?
    116 Jahre
- Aus welchem Land stammt die Ur-Tomate?
    Aus den Anden. Ihre Früchte waren nicht größer als Johannisbeeren.
- Wie heißen die häufigsten Kosenamen für Frauen?
    Schatz, Maus, Engel

---

[1] Diese Fragen sind der Zeitschrift *Neon* entnommen.

Fragespiele

- Für Männer?
    Hase und Bärchen
- Wie viel Prozent aller deutschen Strafgefangenen sind Frauen?
    Fünf Prozent
- Wie viel Liter Muttermilch trinkt ein Blauwaljunges täglich?
    600 Liter
- Können männliche Affen Glatzen bekommen?
    Ja
- Wie viele Fragen stellt durchschnittlich ein vierjähriges Kind an einem Tag?
    Etwa 400
- Was fällt in einem luftleeren Raum schneller – ein Stein oder eine Feder?
    Beide fallen gleich schnell.
- Welche gemeinsamen Fähigkeiten haben Raben, Stare, Dohlen, Sittiche und Papageien?
    Sie können infolge einer fleischigen Zunge menschenähnliche Laute hervorbringen.
- Wie lange malt ein Strich der Kugelschreibermine?
    5.000 bis 10.000 Meter.
- In welche Richtung drehen sich alle Windmühlen der Erde?
    Entgegen dem Uhrzeigersinn
- Woran ist an einem Dirndl zu erkennen dass die Frau noch zu haben ist?
    Die Dirndlschleife wird links gebunden.
- Wie oft schluckt ein Erwachsener am Tag?
    Rund 600 Mal
- Bei welcher Zeit liegt der Weltrekord im Luftanhalten?
    Der Weltrekord wird von dem Deutschen Tom Siestas mit acht Minuten und 58 Sekunden gehalten.
- Wie viel Prozent Salz enthält Meerwasser?
    Etwa drei Prozent
- Die schnellste Bewegung im Tierreich ist der Flügelschlag der Mücke.
- Wie oft schlägt ihr Flügel in der Sekunde?
    950 Mal
- Ist Pinkeln in der Öffentlichkeit erlaubt?
    Pinkeln in der Öffentlichkeit kann mit zwischen 20 und 100 Euro bestraft werden.

Fragen zum Staunen und Wundern

- Wie alt kann Efeu werden?
    400 Jahre
- Wie viel Prozent der Iren haben rote Haare?
    Vier Prozent
- Wächst Frauen- oder Männerhaar schneller?
    Männerhaar
- Wächst Haar immer gleich schnell?
    Bei warmem Wetter wächst das Haar schneller.
- Wird durch Schneiden und Rasieren das Haarwachstum angeregt?
    Es wird dadurch nicht beeinflusst.
- Leben mehr Papageien in Menschenobhut oder in der Natur?
    In Menschenobhut
- Können Gorillas und Orang-Utans von Natur aus Schwimmen?
    Sie müssen es erst lernen.
- Wie hoch können Bäume höchstens werden?
    Nicht höher als 130 Meter, da das Wasser im Stamm nicht höher steigen kann.
- Welcher Muskel des menschlichen Körpers ist der Stärkste?
    Die Zunge
- Wenn man eine Zwiebel durchschneidet und sich damit die Fußsohle einreibt, hat man eine Stunde später den Zwiebelgeschmack im Mund.
- Wie viel Prozent unseres Trinkwassers läuft durch die Toiletten?
    32 Prozent
- Warum kann man am Toten Meer keinen Sonnenbrand bekommen?
    Es liegt 400 Meter unter dem Meeresspiegel; seine Dunstschicht ist so dick, dass schädliche UV-Strahlen sie nicht durchdringen.
- Wie viele Schritte legt ein Mensch täglich durchschnittlich zurück?
    6.000 Schritte; also im Laufe seines Lebens umrundet er etwa vier Mal die Erde.
- Welche Lebewesen, außer dem Mensch, sind in der Lage zu weinen?
    Keines
- Wie viel weint der Mensch im Laufe des Lebens?
    Etwa eine Badewanne voll
- Wann wurde in Deutschland der letzte Bär erlegt?
    (Abgesehen vom Braunbär Bruno)
    1835

Fragespiele

- Wie viel Oliven sind für einen Liter Olivenöl nötig?
    Fünf Kilo
- Bei wie viel Metern liegt der Weltrekord für Kirschkern-Weitspucken?
    Bei 21,71 Metern (Selbst ausprobieren!)
- Wie lange wachsen Elefanten?
    Das ganze Leben
- Sind wir den ganzen Tag gleich groß?
    Abends sind wir bis zu drei Zentimeter kleiner, weil die Zwischenwirbelscheibe tagsüber Flüssigkeit verliert
- In welchem Land durften Frauen als erstes wählen?
    In Neuseeland
- Und wann?
    1893
- Wie viel Schweiß gibt der Körper täglich ab?
    Mindestens einen halben Liter, bei großer Anstrengung bis zu zwei Liter pro Stunde.
- Wie viel Prozent der Deutschen zahlen im Leben mehr Zinsen, als sie erhalten?
    90 Prozent
- Seit wann gilt der 1. Januar als Neujahrsbeginn?
    Seit 1691. In der altrömischen Zeit begann das Jahr am 1. März.
- Was geschieht, wenn Kühe zu viele Karotten essen?
    Die Milch wird rosa.
- Welche Hühner legen braune, welche weiße Eier?
    Sind die Lappen an den Ohrenscheiben rot – braune Eier, weiße Lappen – weiße Eier.
- Wie lange wachsen Fingernägel im Laufe des Lebens?
    28 Meter
- Wie oft träumt der Mensch in der Nacht durchschnittlich?
    Er hat im Durchschnitt vier Träume pro Nacht.
- Wie viel Prozent der *Weltbevölkerung* haben blonde Haare?
    Zwei Prozent
- Welches sind die drei häufigsten deutschen Wörter?
    Der, die, und
- Kann im Wasser oder im Sirup schneller geschwommen werden?
    In Sirup kann man genauso schnell schwimmen wie im Wasser. Die dicke Masse bremst zwar, man kann sich aber auch besser daran abstoßen.

Fragen zum Staunen und Wundern

- Wie viele Mäuse müssen gemolken werden, um einen Liter Mäusemilch zu erhalten?
  4.000 Mäuse müssten je eine halbe Stunde lang mit der Pipette gemolken werden.
- Zu welcher Pflanzenfamilie gehört die Gurke?
  Die Gurke ist botanisch gesehen eine Beere.
- Wer ist der größte Grundbesitzer in Deutschland?
  Die Kirche
- Können Hummeln und Bienen auch rückwärts fliegen?
  Ja
- In welchem Monat wachsen Fingernägel am schnellsten?
  Im Juli
- Welche Autofarben sind in Deutschland am beliebtesten?
  Silber und Schwarz
- Ist es tatsächlich leiser, wenn Schnee fällt?
  Ja, frischer Schnee bildet viele kleine Zwischenräume, in denen sich der Schall verliert.
- Was kann man tun, um jemanden vom Schluckauf zu befreien?
  Einen Euro für jeden weiteren Schluckauf anbieten.
  Kraft der Gedanken – und siehe da: Meist ist es dann mit dem Schluckauf vorbei.
- Ist das Gehirn am Tag oder bei Nacht aktiver?
  Das Gehirn ist im Schlaf genauso aktiv wie am Tag.
  Der Schlaf funktioniert wie eine Reparaturwerkstatt, das Immunsystem wird gestärkt und Zellen regeneriert. Im Tiefschlaf schüttet der Körper Wachstumshormone aus. Diese lassen Wunden heilen und verjüngen die Organe. Wer zu wenig schläft, wird schneller alt.
- Sind Blindschleichen blind?
  Nein
- Wie groß ist die Wahrscheinlichkeit, dass eine Frau Zwillinge bekommt?
  1 zu 85
- Kam es seit Menschengedenken vor, dass keine Nation auf der Welt mit einer anderen Krieg führte?
  Ja, im Jahre 1776
- Kann ein Fußballturnier das Herzinfarktrisiko erhöhen?
  Ja, das Risiko erhöht sich auf das Dreifache.

177

Spiele für Feiern aller Art

 Infos und Tipps für die Gruppenleitung

 Zaubern

 Fröhliche Spiele

Info für die Gruppenleitung

Viele Spiele eignen sich hier für eine gemischte Gruppe aus Mitarbeitern, Besuchern und Bewohnern. Den so entstandenen Gruppen steht dann auch eine ebenso gemischte und interessierte Fan-Gruppe gegenüber. Durch die gemeinsamen Ziele der unterschiedlichen TN wird das Zusammengehörigkeitsgefühl gestärkt.

Fröhliche Spiele

Sprichwörter raten

Senioren verfügen über einen großen Schatz an Sprichwörtern. Diese Tatsache können wir uns bei diesen, meist lustigen Darbietungen, zunutze machen.

Die entsprechend benötigte Zahl von TN geht vor die Tür und berät, wie das ausgewählte Sprichwort vorgeführt werden kann.
Die zurückgebliebenen TN im Raum dürfen raten.

Für Feste können diese Vorführungen aufwändiger, zum Beispiel mit entsprechender Kostümierung und passender Ausstattung eingeübt werden.

Passende Sprichwörter:

Wo gehobelt wird, da fallen Späne.
Kleine Geschenke erhalten die Freundschaft
(z.B. kleine Päckchen werden beim Publikum verteilt).
Neue Besen kehren gut.
Vorsicht ist die Mutter der Porzellankiste.
Kleider machen Leute.
Verbotene Früchte schmecken am besten.
Keine Rosen ohne Dornen.
Der Klügere gibt nach.
Hochmut kommt vor dem Fall.
Wie der Vogel, so das Ei.
Erst die Arbeit, dann das Vergnügen.
Wer nichts an die Angel steckt, fängt nichts.
Liebe geht durch den Magen.

Leere Fässer klingen hohl.
Jeder Deckel hat seinen Topf.
Glück in der Liebe, Pech im Spiel.
Der Letzte zahlt die Zeche.
Wer andern eine Grube gräbt, fällt selbst hinein.
Eigenlob stinkt.
Wer A sagt, muss auch B sagen.
Man soll den Bissen nicht größer machen als das Maul.
Morgen, morgen, nur nicht heute, sagen alle faulen Leute.

Länder raten

Vorbereitung: Im Vorfeld dieses Spiels werden Postkarten gesammelt.

Die Karten werden einzeln in der Runde herumgereicht und betrachtet, um das Land zu erraten.

Markante Kennzeichen können dabei zu lebhaften Diskussionen führen und Erinnerungen an den eigenen Urlaub wachrufen.

Urlaubsländer raten

Senioren haben meist sehr schöne Urlaubserinnerungen und einige der TN freuen sich daher bestimmt über die Gelegenheit, den aufmerksamen Zuhörern davon zu erzählen.

Ein Freiwilliger steht auf und berichtet von einem Urlaub in einer Stadt oder einem bestimmten Land. Dabei darf er sich allerdings nicht verplappern, denn den Ort darf er nicht nennen – der soll schließlich vom Publikum erraten werden. Manche TN können bei ihrer Erzählung so richtig ins Schwärmen geraten – was auch erwünscht ist.

Wird der Ort nicht erraten, werden entsprechende Hilfen gegeben.

Sprichwörter rund ums Essen

Aus welchem Land stammen folgende Redensarten?
Von den angegebenen Ländern ist das fett gedruckte das Richtige.

In der allergrößten Not,
schmeckt die Wurst auch ohne Brot.

Italien – Rumänien – Ungarn – **Deutschland**

Fröhliche Spiele

Am Rausch ist nicht der Wein schuld, sondern der Trinker.
Libanon – **Japan** – Russland – Österreich

Einem vollen Bauch scheint alles Fleisch schlecht.
Israel – Tschechien – **Italien** – Schweiz

Den wahren Geschmack des Wassers erkennt man erst in der Wüste.
Israel – Jugoslawien – Arabien – Schweiz

Der Sitz der Gefühle ist der Magen.
Deutschland – **Griechenland** – Luxemburg – Frankreich

Ein Mann mag kein Herz haben, aber bestimmt hat er einen Magen.
Holland – Bulgarien – Irland – **Mongolei**

Wer Honig essen will, muss Bienenstiche vertragen können.
Polen – **Arabien** – Finnland – Italien

Wer hastig isst und trinkt, verkürzt sich selbst das Leben.
Norwegen – **Tschechien** – Spanien – Schlaraffenland

Lass mich in deinen Suppentopf gucken und ich sage dir, wer du bist!
Türkei – China – Luxemburg – **Russland**

Kurzes Abendessen, langes Leben.
Japan – **Bulgarien** – Norwegen – Afrika

Trinken ohne Trinkspruch ist Trinksucht.
Russland – Deutschland – Finnland – Monaco

Beurteile ein Mädchen beim Backtrog und nicht beim Tanze.
Australien – Holland – Deutschland – **Dänemark**

Ein gutes Essen ist Balsam für die Seele.
Schweden – Italien – **Tadschikistan** – Frankreich

Die dümmsten Bauern haben die größten Kartoffeln.
Deutschland – Dänemark – Polen – Neuseeland

Die zuverlässigste aller Uhren ist der Magen.
Schweiz – Rumänien – Deutschland – **Tschechien**

Autorennen

Zwei oder mehr Spieler sitzen nebeneinander auf einem Stuhl. Jeder Spieler hält einen Wollknäuel, verbunden mit einem, einige Meter vor ihm entfernten, Spielauto. Alle Fahrzeuge sind gleich weit von ihrem „Rennfahrer" entfernt.

Die GL zählt auf drei und los geht's. Jeder Mitspieler wickelt so schnell wie möglich seine Wolle auf, womit er gleichzeitig das Auto zu sich herfahren lässt. Wenn das Gefährt beim Wollknäuel angekommen ist, ist das Rennen beendet und der Sieger steht fest.

Ein spannendes Spiel, bei dem alle TN zum Zuge kommen und immer wieder neu gegeneinander antreten können.

Eierlauf

Ein Spiel für noch rüstige Senioren – wobei die Zuschauer nicht traurig sein müssen, denn das Zuschauen des Wettkampfes macht bestimmt auch sehr viel Spaß.

Zwei Parteien werden gebildet. Zuvor sind Start und Ziel markiert worden.

Der Erste jeder Gruppe bekommt einen Löffel und darauf ein Plastikei oder einen Tischtennisball. Auf „Los" geht's los! Der Löffel mit dem Ei wird bis zur Wendemarke und wieder zum Ziel zurück vor sich hergetragen. Fällt das Ei herunter, wird dieses an Ort und Stelle wieder auf den Löffel gelegt und weiter geht's. Am Ziel wird der Löffel mitsamt dem Ei dem Nächsten übergeben.

Welche Partei schafft es am schnellsten?

Dieses Spiel eignet sich besonders für gemischte Gruppen, bestehend aus Mitarbeitern, Besuchern und Senioren.

Der Maler

Auf einer großen Tafel – für alle ersichtlich – darf ein „Maler" mit verbundenen Augen ein vorgegebenes Motiv zeichnen, zum Beispiel einen Clown. Die Zuschauer werden schnell merken, dass der neu erkorene Künstler Orientierungshilfen benötigt und ihn dabei lautstark unterstützen, indem sie ihm die noch fehlenden Teile zurufen. Natürlich wird der Orientierungslose nicht immer an der Stelle weitermalen, an der er sollte. Entsprechend witzig fällt das Ergebnis aus.

Wer will das nächste Bild malen – vielleicht ein Schweinchen, mit kugelrundem Bauch, Schnauze und Ringelschwänzchen?

Gesangspillen

Ein Clown versucht zu singen, aber er bekommt nur falsche und krächzende Töne heraus. Da fallen ihm seine Gesangspillen ein. Umständlich kramt er sie, nachdem er viele andere Gegenstände gezeigt hat, aus seiner Hosentasche. Nach Einnahme der Gesangspillen schmettert er plötzlich eine Arie (kommt vom Kassettenrecorder oder CD-Spieler).

Hindernissteigen

Eine Person erklärt sich zum Hindernissteigen bereit. Flaschen werden als Hindernisse aufgestellt und der Hindernisläufer darf sich die Strecke genau anschauen. Zur Übung wird der Lauf unter reger Anteilnahme des Publikums mehrmals wiederholt.

Dann werden die Augen verbunden und der Ernst beginnt. Mit verbaler Hilfe der Zuschauer steigt der Mutige über die Flaschenreihe. Nur eines hat sich inzwischen verändert: Die Flaschen wurden zuvor weggeräumt!

Eine tolle Lachnummer!

Stirnrunzeln

Einem Freiwilligen wird gesagt, dass ein Geldstück fest an seine Stirn geklebt wird und er versuchen soll durch Stirnrunzeln, das Geldstück abzulösen. Was er nicht weiß: Beim Ankleben wurde das Geldstück zwar fest angedrückt, aber unauffällig gleich wieder weggenommen.

Das Bemühen des Grimassenschneiders das Geldstück loszuwerden wird die Zuschauer köstlich amüsieren.

Natürlich einen TN auswählen, der auch über sich selbst lachen kann!

Das große Geschenk

Ein großes, schön verpacktes Geschenk wird hereingetragen oder es steht bereits mitten in der Gesellschaft, evtl. schon lange, bevor es geöffnet wird, um die Neugierde zu steigern.

Ein schauspielerisch begabter TN öffnet voller Neugierde und Freude das Paket, in das er hineinsieht. Er stellt mit Mimik und Gestik dar, was sich darin *angeblich* befindet und lässt die Zuschauer das Objekt der Freude raten.

Variante: Die Vorführung wird unter mehreren TN aufgeteilt, wobei jeder Mime pantomimisch ein Geschenk aus dem großen Karton „herausholt", „auspackt" und den Inhalt darstellt.

Das wird im Vorfeld geprobt und jeder TN, der Freude daran hat, kann das auch.

Zum Schluss findet sich ganz unten im Paket eine Überraschung für alle. Das kann ein Säckchen mit Süssigkeiten sein, das verteilt wird oder ein Korb mit kleinen Geschenkchen, aus dem sich jeder etwas nehmen darf.

Lustige Verkleidungen

Bei diesem Spiel können Mitarbeiter und TN im Team zusammenspielen.

Jeweils ein TN schließt sich mit einem Mitarbeiter, der mit Schere, Krepppapier, Wollfäden und Ähnlichem ausgestattet ist, zusammen. Der Mitarbeiter wird nun versuchen, den TN mit einem fantasievoll dekorierten Hut auszustatten.

Als Höhepunkt werden die TN auf dem Laufsteg ihre Kunstwerke präsentieren.

Die Zuschauer verteilen Punkte, wodurch die ersten drei Plätze entschieden werden.

Ballone raten

Eine Traube von vielen Ballonen hängt von der Decke (vom Baum).

Während des Festes darf die Anzahl der Ballone geraten werden.

Erst am Ende des Festes wird die richtige Anzahl der Ballone bekannt gegeben und mit einem Preis prämiert.

Nasen raten

Zwei Personen halten gemeinsam ein großes Leintuch o.Ä.

Ein kleiner Schlitz an geeigneter Stelle wird eingeschnitten.
Eine Person darf nun Nase für Nase (von Personen die hinter dem Leintuch stehen und nur ihre Nase durch den Schlitz stecken) den entsprechenden Personen zuordnen.

Das kann zu sehr lustigen Verwechslungen führen.
Wer will es noch versuchen?

Schneckenwettlauf

Weinbergschnecken treten einen Wettlauf, zum Beispiel auf einer angefeuchteten Tischplatte, gegeneinander an!

Die Schnecken werden vom Moderator mit Namen vorgestellt, worauf die Zuschauer auf den Sieger wetten. Die „Läufer" werden an den Startplatz gesetzt.

Die Laufstrecke ist ca. 30 cm lang und an deren Ende ein Schneckenfestmahl ausgelegt.

Als Gag kann ein Startschuss aus einer Spielzeugpistole abgegeben werden.

Nun liegt es am Sprachwitz des Moderators und an der Lebendigkeit der Schnecken, wie diese sportliche Disziplin verläuft.

Witzig und interessant ist diese Vorführung allemal.

Nach getaner Arbeit und Mahlzeit werden die Schnecken wieder ihrem natürlichen Lebensraum übergeben.

Sahne schlagen

Ein Spiel zur Kaffeezeit

Wer hat zuerst die Sahne mit dem Schneebesen geschlagen?

Hier können sich als Mannschaft jeweils ein Mitarbeiter/Gast mit einem TN zusammentun.

Die geschlagene Sahne kann gleich zu Kuchen oder Eis der Gästeschar serviert werden.

Wäsche aufhängen

Jeder TN bekommt einen gefüllten Wäschekorb.
Welcher Spieler hat seine Wäsche am schnellsten mit den Wäscheklammern auf die Wäscheleine gehängt?

Witzig für die Zuschauer ist es, wenn nostalgische Wäsche wie große Leinenunterhosen, altmodische Nachthemden, wollene Strumpfhosen, riesige BHs etc. darunter sind.

Witze selbst zu Ende erzählen

Die folgenden Witze dürfen die TN selbst zu Ende führen.

Wer errät die Pointe?

Die Pointe ist fett gedruckt.

„Weshalb sind sie denn hier?", fragt der Gefängnispfarrer den Häftling. „Wegen meines Glaubens." „Das kann doch nicht sein!", sagt der Pfarrer. „Doch, ich habe geglaubt, (**die Alarmanlage sei kaputt**)."

Hektik in der Hotelküche. Der Chefkoch schwirrt herum, will überall nach dem Rechten sehen. Zwei Lehrlinge tragen einen großen Topf zur Tür. „Halt", schreit der Chefkoch und kommt schnell mit einem Schöpflöffel dazu, weil er kosten will. Wütend brüllt er daraufhin: „Pfui-Teufel, das schmeckt ja wie Spülwasser. Was ist da drin?"
(**Ein Lehrling: „Spülwasser."**)

Ein Busfahrer und ein Pfarrer warten vor der Himmelstür.

„Du kommst sofort rein", sagt Petrus zum Busfahrer.

Der Pfarrer ist enttäuscht. „Nun habe ich mein ganzes Leben lang für das Reich Gottes gearbeitet und dieser Busfahrer kommt sofort in den Himmel, während ich noch warten muss."

„Tja", sagt Petrus, „wenn du gepredigt hast, haben alle geschlafen, aber wenn dieser Busfahrer gefahren ist, haben (**alle gebetet**)."

Der kleine Klaus wird in der Schule gefragt, ob er denn weiß, wo Afrika liegt. Darauf antwortet er: „So genau weiß ich es nicht, aber weit kann es nicht sein. Bei meinem Vater im Betrieb arbeitet ein Afrikaner und der (**kommt jeden Tag mit dem Fahrrad**)".

Im Alltag finden sich überall Witze, die gehört oder gelesen werden. Bestimmt kann die GL noch einige nette Witze für diese Unterhaltung finden.

Zaubern

Zu Festen oder sonstigen geselligen Runden ist die Vorführung von Zaubertricks etwas ganz Besonderes, wenn die Hauptakteure Gruppenteilnehmer und Gruppenleiter sind.

Das Beobachten dieser „Zaubereien" wird die TN gewiss verblüffen.

Die Vorführungen können mehrmals wiederholt werden, auch um den TN die Chance zu geben, das Geheimnis der Zauberei aufzudecken. Kommen die TN nicht hinter den Trick, muss der Zauber auch nicht gelüftet werden (... denn wer weiß, vielleicht steckt ja eine wahre Magie dahinter?).

Zahlen raten

Der Zauberer fordert das Publikum auf, ihm zweistellige Zahlen zu nennen. Er schreibt die erste Zahl auf, faltet den Zettel und legt ihn auf einen Teller.

Auf die nächsten Zettel schreibt er nicht die von den TN gesagte Zahl, **sondern immer die Erstgenannte**. Es ist wichtig, dass sich der Zauberer in gebührender Entfernung von den Zuschauern befindet.

Nun fordert er eine Person auf, einen Zettel zu nehmen, ihn jedoch noch nicht zu öffnen.

Der Zauberer zückt den Zauberstab und spricht folgenden Spruch:

„Ich sag euch, wenn der Zauber wirkt, welche Zahl sich darin verbirgt" und verkündet großartig die Zahl, die er stets aufgeschrieben hat. Jetzt darf das Papier aufgefaltet und das Geschriebene verkündet werden – zum Erstaunen des Publikums.

Spektakulär wird die Vorführung, wenn die Zettel in einer (feuerfesten) Schale vor aller Augen verbrannt werden, bevor die Zahl vorgelesen wird.

Vorteil: Keiner kann mehr beweisen, dass es mit dem Aufgeschriebenen nicht mit rechten Dingen zugegangen ist!

Der Alleswisser

Zwei Verbündete haben sich vor der Aufführung abgesprochen. Der Eine behauptet, er könne genau sagen, welchen Gegenstand er im Raum erraten soll. Bevor der Alleswisser den Raum betritt, wird ein Objekt von den TN bestimmt.

Der Mitwisser fragt nun den Alleswisser, indem er alle möglichen Gegenstände aufzählt, so lange, bis sein Verbündeter den richtigen Gegenstand erkennt.

Der Alleswisser wird deshalb auf die richtige Antwort kommen, weil zuvor mit dem Wortführer ausgemacht wurde, dass vor der richtigen Antwort zum Beispiel ein roter Gegenstand genannt werden muss. **Also, nach dem roten Gegenstand folgt die Lösung!**

Wie viel Stückchen Zucker liegen unter der Tasse?

Eine Henkeltasse steht umgekehrt auf dem Tisch. Der verbündete TN betritt den Raum und wird von der GL gefragt, wie viel Stückchen Zucker sich unter der Tasse befinden: eines, zwei oder drei? Der TN gibt die korrekte Antwort und verlässt wieder den Raum. Inzwischen legt die GL abermals Zucker unter die Tasse, dessen Anzahl der TN aufs Neue richtig ankündigt.

Wie kann das sein?

Der GL hat im Vorfeld mit dem TN besprochen:
Ein Stück Zucker: Tassenhenkel zeigt nach rechts.
Zwei Stück Zucker: Tassenhenkel zeigt nach vorne.
Drei Stück Zucker: Tassenhenkel zeigt nach links.
So einfach – aber wer kommt da schon dahinter?

Auf welchem Stuhl saß ich?

Die GL hat sich vor dem Auftritt mit einem TN abgesprochen.

Der „Eingeweihte" wird in den Raum gebeten, in dem eine Stuhlreihe aufgebaut ist. Auf einem dieser Stühle hat zuvor ein TN gesessen.

Die GL fragt den „Seher" auf welchem Stuhl gerade jemand Platz genommen hat. Die Frage wird von ihm richtig beantwortet und er geht wieder vor die Tür.

Abermals nimmt ein TN auf einem Stuhl der Stuhlreihe Platz.

Der „Eingeweihte" tritt ein und erkennt schon wieder den zuvor besetzten Stuhl.

Wie kann das sein?

Wenn die GL den Mitwisser hereinbittet, dann **mit einem Satz aus soviel Wörtern wie es der Position des gesuchten Stuhls in der Stuhlreihe entspricht**. War der besetzte Stuhl der Zweite von links, dann bittet der GL den TN mit einem Zwei-Wort-Satz herein, zum Beispiel: „Komm herein".

Ist der vierte Stuhl von links der Gesuchte, kann es lauten: „So nun komm herein!"

Die TN so lange raten lassen, bis vielleicht doch jemand hinter des Rätsels Lösung kommt und es Spaß macht – was bei so viel erzeugter Neugier bestimmt eine Weile anhält!

Vorher üben und nicht zu viele Stühle aufstellen!

Welches Obst ist in der Schale?

Die GL oder ein Verbündeter lassen sich von den TN Obstsorten nennen und schreiben diese auf einen Zettel, der zusammengelegt in einen Korb kommt.

Beim Aufschreiben sprechen die GL oder der TN laut und deutlich mit und ist ein Obstname etwas schwieriger zu schreiben, lässt er sich dieses Wort von den TN buchstabieren (selbst unter dem Verdacht, er könnte als Rechtschreib-Niete angesehen werden).

Sind alle Obstsorten aufgezählt, wird es spannend. Denn der GL wird jetzt behaupten, er weiß, welche Obstsorte gleich von einem TN gezogen wird.

Ein Freiwilliger zieht ein Blatt aus dem Korb und liest laut vor.

Das Tuch wird weggezogen und tatsächlich befindet sich im Korb genau diese Frucht.

Ging das mit rechten Dingen zu?

Den Namen des Obstes, das unter dem Tuch zum Vorschein kam, schrieb er auf jedes dieser Zettelchen. Wer achtet schon darauf?

Gedichte

 Infos und Tipps für die Gruppenleitung

 Gedichte

Tipps und Info für die Gruppenleitung

Bekannte Gedichte erwecken nicht selten Erinnerungen.

Oft verbindet man damit Erlebnisse aus der Schulzeit und die auswendig gelernten Verse aus früheren Zeiten sind immer noch im Gedächtnis.

Es kann aber auch im Alter ein schönes Erlebnis sein, neue Verse zu hören und sich diese einzuprägen.

Am GL liegt es, ob ein Gedicht die Seele der TN berühren wird. Ein Gedicht darf nie monoton heruntergeleiert werden, das ist völlig sinnlos. Beim Vortragen müssen Gefühle und auch Theatralik zum Ausdruck kommen. Die TN fühlen mit und es wird ihnen leichter fallen, sich den Text zu merken.

Auswendig lernen fördert die Konzentration und bereitet Freude, da schnell ein Erfolgserlebnis erkennbar ist. Gerade wenn das Gedicht noch nicht so gut sitzt, ist die Runde oft erfolgreich in gemeinsamer Anstrengung. Der eine erinnert sich an jenes Wort, die andere fügt dieses hinzu und so vervollständigen sich die Verse im gemeinsamen Bemühen.

Die GL liest anfangs das Gedicht in voller Länge deutlich vor. Darauf folgend nur die erste Strophe. Danach lässt die GL beim Vorlesen jeweils die letzten Wörter der Zeile aus, die die TN ergänzen sollen. Nun wird der Vers sehr viel leiser vorgetragen, sodass vor allem die TN zu hören sind. Die GL wird nur dann hörbarer, wenn es stockt und wieder leiser, wenn sich die TN sicherer sind. Dann einige Male wiederholen und sich wieder einer anderen Unterhaltung zuwenden. Während des Zusammenseins werden die Verse mehrmals wiederholt.

Das Gedicht wird von Anfang an für alle gut ersichtlich aufgehängt. So kann jeder, der das Bedürfnis hat, auch für sich alleine üben.

Die Gedichte werden auch im nächsten Jahr wiederholt und neue TN werden es ebenfalls erlernen. Einige TN werden mit Freude feststellen, dass das Erlernte, zumindest teilweise, noch vorhanden ist. Das weckt Erinnerungen an die Zeit vor einem Jahr.

Warum nicht auch selbst Gedichte schreiben?
Es gibt viele Anlässe, die dazu anregen.
Wer weiß, ob nicht in so manchem TN ein poetisches Talent schlummert?

Frühling

Frühling läßt sein blaues Band

Frühling läßt sein blaues Band
Wieder flattern durch die Lüfte
Süsse, wohlbekannte Düfte
Streifen ahnungsvoll das Land
Veilchen träumen schon,
Wollen balde kommen
Horch, von fern ein leiser Harfenton!
Frühling, ja du bist's!
Dich hab ich vernommen!

Eduard Mörike

Wie liegt die Welt so frisch und tauig

Wie liegt die Welt so frisch und tauig
Vor mir im Morgensonnenschein.
Entzückt vom hohen Hügel schau ich
Ins frühlingsgrüne Tal hinein.

Mit allen Kreaturen bin ich
In schönster Seelenharmonie.
Wir sind verwandt, ich fühl es innig,
und eben darum lieb ich sie.

Und wird auch mal der Himmel grauer;
Wer voll Vertrau'n die Welt besieht,
den freut es, wenn ein Regenschauer
mit Sturm und Blitz vorüberzieht.

Wilhelm Busch

Schöner Frühling, komm doch wieder

Schöner Frühling komm doch wieder,
lieber Frühling komm doch bald.
Bring uns Blumen, Laub und Lieder,
schmücke wieder Feld und Wald.

Auf die Berge möcht ich fliegen,
möchte seh'n ein grünes Tal.
Möcht in Gras und Blumen liegen
Und mich freu'n am Sonnenstrahl.

Möchte hören die Schalmeien
und der Herden Glockenklang.
Möchte freuen mich im Freien
An der Vögel süssem Sang.

August Heinrich Hoffmann von Fallersleben

April

Das ist die Drossel, die da schlägt,
der Frühling, der mein Herz bewegt;
Ich fühle, die sich hold bezeigen,
die Geister aus der Erde steigen.
Das Leben fließet wie ein Traum –
mir ist wie Blume, Blatt und Baum.

Theodor Storm

Der Frühling kommt bald

Herr Winter,
geh hinter,
der Frühling kommt bald!
Das Eis ist geschwommen,
die Blümlein sind kommen
und grün wird der Wald.

Herr Winter,
geh hinter,
dein Reich ist vorbei.
Die Vöglein alle,
mit jubelndem Schalle,
verkünden den Mai!

Christian Morgenstern

Gedichte

Der Frühling hat sich eingestellt

Der Frühling hat sich eingestellt;
Wohlan, wer will ihn sehn?
Der muss mit mir ins freie Feld,
ins grüne Feld nun gehen.

Er hielt im Walde sich versteckt,
dass niemand ihn mehr sah;
ein Vöglein hat ihn aufgeweckt,
jetzt ist er wieder da.

Jetzt ist der Frühling wieder da;
Ihm folgt, wohin er zieht,
nur lauter Freude, fern und nah,
und lauter Spiel und Lied.

Und allen hat er, Groß und Klein,
was Schönes mitgebracht;
und sollt's auch nur ein Sträußlein sein,
er hat an uns gedacht.

Drum frisch hinaus ins freie Feld,
ins grüne Feld hinaus,
der Frühling hat sich eingestellt
wer bliebe da zu Haus?

August Heinrich Hoffmann von Fallersleben

Frühlingsbotschaft

Leise zieht durch mein Gemüt
liebliches Geläute.
Klinge, kleines Frühlingslied,
kling hinaus ins Weite.
Kling hinaus bis an das Haus,
wo die Blumen sprießen.
Wenn du eine Rose schaust,
sag, ich lass sie grüssen.

Heinrich Heine

Frühlingslied

Die Luft ist blau, das Tal ist grün,
die kleinen Maienglocken blühn
und Schlüsselblumen drunter;
der Wiesengrund
ist schon so bunt
und malt sich täglich bunter.

Drum komme, wem der Mai gefällt,
und freue sich der schönen Welt
und Gottes Vatergüte,
der diese Pracht
hervorgebracht,
den Baum und seine Blüte.

Ludwig Christoph Heinrich Hölty

Märzlied

Eh noch der Lenz beginnt,
Schnee von den Bergen rinnt,
singet das Vöglein schon
freudigen Ton.

Noch blüht kein Veilchen blau,
noch ist der Wald so grau.
Was mag da Vöglein denn so erfreun?

Wärme und heller Schein
Hauchen ihm Ahnung ein:
Bald kommt mit neuem Glück
Frühling zurück.

Abraham Emanuell Fröhlich

Gedichte

Der launische April

April! April!
Der weiß nicht, was er will.
Bald lacht der Himmel blau und rein,
bald schaun die Wolken düster drein,
bald Regen und bald Sonnenschein!
Was sind mir das für Sachen,
mit Weinen und mit Lachen
ein solch Gesaus zu machen!
April! April!
Der weiß nicht, was er will.

Oh weh! O weh!
Nun kommt er gar mit Schnee
Und schneit mir in den Blütenbaum,
in all den Frühlingswiegentraum!
Ganz gräulich ist's, man glaubt es kaum;
Heut Frost und gestern Hitze,
heut Reif und morgen Blitze;
das sind so seine Witze!
O weh! O weh!
Nun kommt er gar mit Schnee.

Unbekannt

Frühling

Hurra! Hurra!
Der Frühling ist doch da!
Und treibt der raue Wintersmann
auch seine Freund, den Nordwind, an
und wehrt er sich, so gut er kann,
es soll ihm nicht gelingen:
Denn alle Knospen springen,
und alle Vöglein singen.
Hurra! Hurra!
Der Frühling ist doch da!

Volksgut

Mairegen

Es regnet, Gott segnet,
die Erde wird nass;
bunt werden die Blumen
und grün wird das Gras.
Mairegen bringt Segen.
Heraus aus dem Haus!
Steigt schnell in die Kutsche,
gleich fahren wir aus.
Es regnet, Gott segnet,
der Kuckuck wird nass.
So wachsen wir lustig,
wie Blumen und Gras.

<small>Volksgut</small>

Der Apfelbaum ist aufgeblüht

Der Apfelbaum ist aufgeblüht.
Nun summen alle Bienen.
Die Meise singt ein Meisenlied.
Der Frühling ist erschienen.

Die Sonne wärmt den Apfelbaum.
Der Mond scheint auf ihn nieder.
Die kleine Meise singt im Traum
Die Apfelblütenlieder.

Die Bienen schwärmen Tag für Tag
Und naschen von den Blüten.
Mög' sie der Mai vor Hagelschlag
Und hartem Frost behüten.

Der Apfelbaum ist aufgeblüht.
Der Winter ist vorbei.
Mit Blütenduft und Meisenlied
Erscheint der junge Mai.

<small>James Krüss</small>

Gedichte

 ## Sommer

Gefunden

Ich ging im Walde so für mich hin,
und nichts zu suchen das war mein Sinn.

Im Schatten sah ich ein Blümlein stehen,
wie Sterne leuchtend, wie Äuglein schön.

Ich wollt es brechen, da sagt es fein:
Soll ich zum Welken gebrochen sein?

Ich grub's mit allen den Würzlein aus,
zum Garten trug ich's am hübschen Haus.

Und pflanzt es wieder am stillen Ort;
Nun zweigt es immer und blüht so fort.

Johann Wolfgang von Goethe

Ein grünes Blatt

Ein Blatt aus sommerlichen Tagen,
ich nahm es so im Wandern mit.
Auf dass es einst mir möge sagen,
wie laut die Nachtigall geschlagen,
wie grün der Wald, den ich durchschritt.

Theodor Storm

Mondnacht

Es war, als hätt' der Himmel die Erde still geküsst,
dass sie im Blütenschimmer von ihm nun träumen müsst.
Die Luft ging durch die Felder, die Ähren wogten sacht,
es rauschten leis' die Wälder, so sternklar war die Nacht.
Und meine Seele spannte weit ihre Flügel aus,
flog durch die stillen Lande, als flöge sie nach Haus.

Joseph Freiherr von Eichendorff

Herbst

Herbsttag

Dies ist ein Herbsttag, wie ich keinen sah!
Die Luft ist still, als atmete man kaum.
Und dennoch fallen raschelnd, fern und nah,
die schönsten Früchte ab von jedem Baum.

O stört sie nicht, die Feier der Natur!
Dies ist die Lese, die sie selber hält,
denn heute löst sich von den Zweigen nur,
was von dem milden Strahl der Sonne fällt.

Christian Friedrich Hebbel

Herbsttag

Herr: Es ist Zeit. Der Sommer war sehr groß.
Leg deinen Schatten auf die Sonnenuhren
Und auf den Fluren lass die Winde los.

Befiehl den letzten Früchten voll zu sein;
Gib ihnen noch zwei südlichere Tage,
dränge sie zur Vollendung hin und jage
die letzte Süsse in den schweren Wein.

Wer jetzt kein Haus hat, baut sich keines mehr.
Wer jetzt allein ist, wird es lange bleiben,
wird wachen, lesen, lange Briefe schreiben
und wird in den Alleen hin und her
unruhig wandern, wenn die Blätter treiben.

Rainer Maria Rilke

Gedichte

Erde, die uns dies gebracht

Erde, die uns dies gebracht,
Sonne, die es reif gemacht.
Liebe Sonne, liebe Erde,
euer nie vergessen werde.
Wir haben volle Teller
Und voll sind Scheune und Keller,
wir leiden keine Not.
Gesichert ist das Brot,
die Äpfel sind knallrot
und auch der süsse Wein
lief rein ins Fass hinein.
Die Ernt' ist geborgen,
wir haben keine Sorgen,
drum sei heut Dank gebracht,
Sonne, die es reif gemacht.
Liebe Sonne. Liebe Erde,
euer nie vergessen werde!

Christian Morgenstern

Septembermorgen

Im Nebel ruhet noch die Welt,
noch träumet Wald und Wiesen:
Bald siehst du, wenn der Schleier fällt,
den blauen Himmel unverstellt,
herbstkräftig die gedämpfte Welt
in warmem Golde fließen.

Eduard Mörike

Advent, Weihnachten

Advent

Es ist Advent, die stille Zeit,
zu Ende geht das Bangen.
Das Weihnachtsfest steht vor der Tür,
gar groß ist das Verlangen.

Mit frischem Mut und Zuversicht,
mit Freud' in unsren Herzen,
so schauen wir erwartungsvoll
ins Licht der hellen Kerzen.

Weist das Böse in die Schranken,
seht das Gute an als Pflicht.
Lasst Advent uns fröhlich feiern,
vergesst dabei die Armen nicht.

Walter Lorenz

Knecht Ruprecht

Von drauß' vom Walde komm ich her;
Ich muss euch sagen, es weihnachtet sehr!
Allüberall auf den Tannenspitzen
sah ich goldene Lichtlein sitzen.
Und droben aus dem Himmelstor
sah mit großen Augen das Christkind hervor.
Und wie ich so strolcht' durch den finstern Tann,
da rief's mich mit heller Stimme an:
„Knecht Ruprecht", rief es, „alter Gesell,
hebe die Beine und spute dich schnell!
Die Kerzen fangen zu brennen an,
das Himmelstor ist aufgetan.
Alt' und Junge sollen nun
von der Jagd des Lebens einmal ruhn;
und morgen flieg ich hinab zur Erden,
denn es soll wieder Weihnachten werden!"
Ich sprach: „O lieber Herre Christ,
meine Reise fast zu Ende ist.

Ich soll nur noch in diese Stadt,
wo's eitel gute Kinder hat."
„Hast denn das Säcklein auch bei dir?"
Ich sprach: „Das Säcklein, das ist hier:
Denn Äpfel, Nuss und Mandelkern
essen fromme Kinder gern."
„Hast denn die Rute auch bei dir?"
Ich sprach: „Die Rute, die ist hier.
Doch für die Kinder nur, die schlechten,
die trifft sie auf den Teil, den rechten."
Christkindlein sprach: „So ist es recht,
so geh mit Gott, mein treuer Knecht!"

Von drauß' vom Walde komm ich her.
Ich muss euch sagen, es weihnachtet sehr!
Nun sprecht, wie ich's hierinnen find!
Sind's gute Kind, sind's böse Kind?

Theodor Storm

Weihnachten

Markt und Straßen stehn verlassen,
Still erleuchtet jedes Haus,
Sinnend geh ich durch die Gassen,
Alles sieht so festlich aus.

An den Fenstern haben Frauen
Buntes Spielzeug fromm geschmückt,
Tausend Kindlein stehn und schauen,
Sind so wunderstill beglückt.

Und ich wandre aus den Mauern
Bis hinaus ins freie Feld,
Hehres Glänzen, heil'ges Schauern!
Wie so weit und still die Welt!

Sterne hoch die Kreise schlingen,
Aus des Schnees Einsamkeit
Steigt's wie wunderbares Singen –
O du gnadenreiche Zeit!

Joseph von Eichendorff

Es treibt der Wind im Winterwald

Es treibt der Wind im Winterwald
Die Flockenherde wie ein Hirt,
und manche Tanne ahnt, wie balde
sie fromm und lichterheilig wird,
und lauscht hinaus, den weißen Wegen
streckt sie die Zweige hin, bereit –
und wehrt dem Wind und wächst entgegen
der einen Nacht der Herrlichkeit.

Rainer Maria Rilke

Winter

Wenn es Winter wird

Der See hat eine Haut bekommen,
so dass man fast drauf gehen kann,
und kommt ein großer Fisch geschwommen,
so stößt er mit der Nase an.

Und nimmst du einen Kieselstein
und wirfst ihn drauf, so macht es klirr
und titscher – titscher – titscher – dirr ...
Heißa, du lustiger Kieselstein!

Er zwitschert wie ein Vögelein
und tut als wie ein Schwälblein fliegen –
doch endlich bleibt mein Kieselstein
ganz weit, ganz weit auf dem See draußen liegen.

Da kommen die Fische haufenweis
und schaun durch das klare Fenster von Eis
und denken, der Stein wär etwas zum Essen;
doch so sehr sie die Nase ans Eis auch pressen,
das Eis ist zu dick, das Eis ist zu alt,
sie machen sich nur die Nasen kalt.

Aber bald, aber bald
werden wir selbst auf eignen Sohlen
hinaus gehn können und den Stein wiederholen.

Christian Morgenstern

Ein Lied hinter dem Ofen zu singen

Der Winter ist ein rechter Mann,
Kernfest und auf die Dauer;
Sein Fleisch fühlt sich wie Eisen an,
Und scheut nicht süss noch sauer.

War je ein Mann gesund wie er?
Er krankt und kränkelt nimmer,
Er trotzt der Kälte wie ein Bär
und schläft im kalten Zimmer.

Er zieht sein Hemd im freien an
und läßt s vorher nicht wärmen
und spottet über Fluß im Zahn
und Grimmen in Gedärmen.

Aus Blumen und aus Vogelsang
weiß er sich nichts zu machen,
Hasst warmen Drang und warmen Klang
und alle warmen Sachen.

Doch wenn die Füchse bellen sehr,
wenn s Holz im Ofen knittert,
und um den Ofen Knecht und Herr
die Hände reibt und zittert;

Wenn Stein und Bein vor Frost zerbricht
und Teich und Seen krachen:
Das klingt ihm gut, das hasst er nicht,
dann will er tot sich lachen.–

Sein Schloß von Eis liegt ganz hinaus
Beim Nordpol an dem Strande;
Doch hat er auch ein Sommerhaus
im lieben Schweizerlande.

Da ist er denn bald dort, bald hier;
gut Regiment zu führen;
und wenn er durchzieht, stehen wir
und sehn ihn an und frieren.

Matthias Claudius

Für Fasching

Seht die Hexe muss sich bücken.
Lange Nase, krummer Rücken.
Trübe Augen, lahme Beine,
humpelt über Stock und Steine!

In dem Kochtopf rührt sie Knochen –
will sich Zaubersuppe kochen!
Lockt die Katze aus den Ecken –
Kinder kommt und lasst's euch schmecken.

Leise, leise zieht sie Kreise,
geht im Mondschein auf die Reise.
Auf dem Besen durch das Haus,
durch den Schornstein – husch hinaus!

Hedwig Distel

Lebensweisheiten

 Infos und Tipps für die Gruppenleitung

 Lebensweisheiten

Tipps und Info für die Gruppenleitung

Lebensweisheiten oder Sinnsprüche regen zum Nachdenken an.

Sie können über eigene Unzulänglichkeiten hinweghelfen, lassen Lebenseinstellungen aus einem objektiveren Blickwinkel betrachten, vermögen zu trösten und tragen dazu bei, Antworten auf Lebensfragen zu finden.

Geht es wirklich nur mir schlecht? Haben tatsächlich immer andere Schuld an den erlebten Niederlagen? Was ist wichtig im Leben?

Nehme ich negative Erfahrungen eher wahr als positive?

Jeder TN lässt das Vorgetragene auf sich wirken, um es für sich zu verarbeiten.

Wer das Bedürfnis hat, kann sich dazu äußern.

Die GL kann Anregungen geben, die zu Gesprächen animieren.

Es macht natürlich keinen Sinn, zu viel Text auf einmal vorzutragen, denn so wird der Inhalt nicht richtig verarbeitet und bleibt oberflächlich.

Die TN werden aufgefordert zu überlegen, ob auch ihnen Lebensweisheiten einfallen. Vielleicht aus ihrer Kindheit, von der Familie überliefert, aus einem Buch, Poesiealbum etc.

Was wollen diese Lebensweisheiten aussagen?

Konnten diese in ihrem Leben bestätigt werden?

Stößt ein solcher Leittext bei der Gruppe auf besonderes Gehör, so wäre es sehr schön und nachhaltig, diesen Sinnspruch von einem TN auf Papier zu bringen und (evtl. von anderen TN) bildhaft zu gestalten und ihn aufzuhängen.

> Wer sich an andre hält,
> dem wankt die Welt.
> Wer auf sich selber ruht,
> steht gut.
>
> Heyse

Lebensweisheiten

Genieß die Gegenwart mit frohem Sinn;
sorglos, was dir die Zukunft bringen werde.
Doch nimm auch bittern Kelch mit Lächeln hin,
vollkommen ist kein Glück auf dieser Erde.
Horaz

Achtung verdient,
wer vollbringt,
was er vermag.
Sophokles

Je weniger du sprichst,
desto mehr wirst du vollbringen.
Östliche Weisheit

Man sieht nur mit dem Herzen gut.
Das Wesentliche
ist für die Augen unsichtbar.
Antoine de Saint-Exupéry

Jahre lehren mehr als Bücher.
Sprichwort

Halte dir jeden Tag
dreißig Minuten für deine Sorgen frei,
und in dieser Zeit mache ein Nickerchen.
Abraham Lincoln

Das Glück deines Lebens
hängt von der Beschaffenheit deiner Gedanken ab.
Mark Aurel

Freundschaft ist nicht nur ein köstliches Geschenk,
sondern auch eine dauernde Aufgabe.
Ernst Zacharias

Wer einen Freund sucht ohne Fehler,
bleibt ohne Freund.
Weisheit aus der Türkei

Der beste Weg, andere an uns zu interessieren,
ist der, an ihnen interessiert zu sein.
Emil Oesch

Eine Freude kann 100 Sorgen vertreiben.
Weisheit aus Japan

Auch aus Steinen, die in den Weg gelegt werden,
kann man Schönes bauen.
Johann Wolfgang von Goethe

In allen Dingen ist hoffen besser als verzweifeln.
Johann Wolfgang von Goethe

Nenne dich nicht arm, weil deine Träume nicht in Erfüllung gegangen sind;
wirklich arm ist nur, der nie geträumt hat.
Marie von Ebner-Eschenbach

Ungerechter Frieden ist besser als gerechter Krieg.
Michelangelo

Wer glücklich ist, kann glücklich machen.
Wer's tut, vermehrt sein eigenes Glück.
Johann Gleim

Freue dich nicht so sehr, dass du geliebt wirst,
als dass du lieben kann.
Lavater

Der Mensch rechnet immer das, was ihm fehlt,
dem Schicksal doppelt so hoch an als das,
was er besitzt.
Gottfried Keller

Denke nicht so oft an das, was dir fehlt,
sondern an das, was du hast.
Marc Aurel

Lebensweisheiten

Wer die anderen neben sich klein macht,
ist nie groß
Johann Seume

Der Siege göttlichster ist das Vergeben.
Friedrich von Schiller

Es ist unglaublich,
wie viel Kraft die Seele
dem Körper zu verleihen mag.
Wilhelm von Humboldt

Glücklich ist nicht, wer anderen so vorkommt,
sondern wer sich selbst dafür hält.
Seneca

Liebe ist die stärkste Kraft im Universum.
Sie überwindet Zeit und Raum und Tod.
Man liebt umso weniger
je mehr man urteilt.
Nicolas Roch Chamfort

Für beides danken:
Für das, was wir haben
und für das,
was wir nicht brauchen
Unbekannt

Es gibt so viele Dinge, die man nicht mit Geld bezahlt
wohl aber mit einem Lächeln, einer Aufmerksamkeit,
einem „Danke".
Unbekannt

Beginne jeden Tag mit einem Dank
für den vergangenen.
Es gibt keinen Tag in Deinem Leben
an dem dir nicht etwas Dankenswertes begegnete.
Es bleibt einem im Leben nur das
was man verschenkt hat
Unbekannt

Lebensweisheiten

Manche Menschen wissen nicht
wie sehr sie gebraucht werden.
Manche Menschen wissen nicht
wie gut ihre Anwesenheit tut.
Manche Menschen wissen nicht
wie sehr uns ihr Lächeln erfreut.
Sie wüssten es, wenn wir es ihnen sagen würden!

Unbekannt

Unser Leben ist, wozu unser Denken es macht.

Mark Aurel

So wie die Gedanken sind
ist auch der Charakter,
denn die Seele wird von den Gedanken geprägt.

Mark Aurel

Vergiss nicht –
man benötigt nur wenig
um ein glückliches Leben zu führen.

Mark Aurel

Wenn du besonders ärgerlich und wütend bist
erinnere dich, dass das menschliche Leben
nur einen Augenblick währt.

Mark Aurel

Ich habe mich stets gewundert, warum jeder sich selbst am meisten liebt,
aber seines Nachbarn Meinung über sich höher schätzt als seine eigene.

Mark Aurel

Was Du erhältst, nimm ohne Stolz an!
Was Du verlierst, gib ohne Trauer auf!

Mark Aurel

Zum Weiterlesen

Elfi Eichhorn-Kögler, Bernhard Kraus
Seniorennachmittage: Impulse und Anregungen
Verlag Herder, 2. Auflage 2006

Elfi Eichhorn-Kögler, Bernhard Kraus, Klaus Vellguth
Advents- und Weihnachtsfeiern mit Senioren
Verlag Herder, 2008

Marianne Eisenburger
Aktivieren und Bewegen von älteren Menschen: Schulung der Sinne.
Beweglichkeit durch Gymnastik. Rhythmus und Tanz
Meyer & Meyer Sport, 6. Auflage 2010

Wolfgang Joppig
Gruppenarbeit mit Senioren
Stam, 7. Auflage 2006

Hanns Sauter
Das große Buch der Seniorennachmittage
Verlag Herder, 2008

Ursula Stöhr
Das Seniorenspielbuch
Beltz, 5. Auflage 2002

Internet

www.forum-fuer-senioren.de

www.s-wie-senioren.de

www.seniorentreff.de

www.seniorenportal.de

Die Autorin

Paula Rothmund, Jahrgang 1958, vier Kinder, begann nach der Familienphase vor zwölf Jahren mit ihrer Aktivierungstätigkeit in einem Seniorenheim. Im Laufe dieser Zeit trug sie zahlreiche Ideen zur Gestaltung der Gruppenstunden zusammen.

Depressionsprophylaxe

Christine A. Lechner (Hg.)

Balance – für mehr Lebensfreude im Alter
Ein Trainingsprogramm gegen depressive Verstimmung

2009, 96 Seiten mit AudioCD
kartoniert
Format 21 x 29,7 cm
€ 15,50/SFr 23,90
ISBN 978-3-7841-1916-8

Zunehmend sind auch viele ältere Menschen von der Volkskrankheit Depression betroffen.
Die Psychotherapeutin Christine A. Lechner hat dazu im Auftrag der Caritas München ein innovatives Trainingsprogramm entwickelt, das speziell älteren Menschen Hilfen anbietet, um mit Depression umzugehen.

www.lambertus.de

SOZIAL | RECHT | CARITAS

Smoothfood-Technik und Molekularküche

Markus Biedermann,
Sandra Furer-Fawer,
Herbert Thill

Smoothfood
5 Sterne für die Heimküche

2010, 192 Seiten, kartoniert
mit zahlreichen Farbfotos von
Katharina Jäger
Format 14,8 x 21 cm
€ 25,90/SFr 38,90
ISBN 978-3-7841-1975-5

„Smoothfood richtet sich an die immer größer werdende Anzahl von Menschen, die an Kau- und Schluckstörungen leiden. In diesem Buch wird erstmals umfassend das Smoothfood-Konzept, das die klassische Nahrungsmittelverarbeitung mit Elementen moderner Molekularküche vereint, vorgestellt. Das Thema Smoothfood richtet sich gezielt an die Berufsgruppen, die sich täglich mit dem Thema Schluckstörungen auseinandersetzen: Ernährung, Hauswirtschaft, Pflege und Logopädie. Es bleibt zu hoffen, dass Smoothfood in Zukunft kein Fremdwort mehr ist." Dr. med. J. Bohlender, HNO-Facharzt und Phoniater, Universitätsspital Zürich, Leiter der Abteilung Phoniatrie und Klinische Logopädie.

www.lambertus.de

Lebensmittel qualifiziert und sicher verarbeiten

Deutscher Caritasverband e.V.,
Diakonisches Werk der
Evangelischen Kirche in
Deutschland e.V. (Hg.)

Wenn in sozialen Einrichtungen gekocht wird

Die Leitlinie für eine Gute
Lebensmittelhygienepraxis
in sozialen Einrichtungen

erstellt und anerkannt gemäß
Artikel 8 der Verordnung (EG)
Nr. 852/2004
2009, 238 Seiten, kartoniert
mit zahlreichen Abbildungen
Format 21 x 29,7 cm
€ 19,90/SFr 30,50
ISBN 978-3-7841-1788-1

Mit diesem Buch liegt entsprechend den Anforderungen in der VO (EG) über Lebensmittelhygiene 852/2004 die Leitlinie für eine Gute Hygienepraxis vor, die bundesweit von den Landesbehörden der Lebensmittelüberwachung anerkannt ist.
Strukturierte Angaben nach Art und Größe der Einrichtung sowie detaillierte Vorgaben für verschiedene Lebensmittel machen das Buch zu einem Referenzwerk für soziale Einrichtungen.

www.lambertus.de

SOZIAL | RECHT | CARITAS